Martin Kluger

ULM UND NEU-ULM

Der Stadtführer
für die Donau-Doppelstadt

W0192228

context verlag Augsburg
www.context-mv.de

Martin Kluger

ULM UND NEU-ULM

Der Stadtführer
für die Donau-Doppelstadt

Inhalt

Der Geharnischte am Fischkasten beim Rathaus zeigt das schwarz-weiße Wappenschild der Reichsstadt Ulm: Sie war ein Wirtschafts- und Kunstzentrum des Spätmittelalters und der Frühen Neuzeit. Auf diese glanzvolle Blüte folgte der Abstieg zur verarmten Provinzstadt, ehe der Bau der Bundesfestung und die Eisenbahn Ulm neues Wachstum brachten. Die baden-württembergische Großstadt und ihre bayerische Schwesterstadt Neu-Ulm bilden heute ein länderübergreifendes Doppelzentrum mit mehr als 170 000 Einwohnern. Ein Überblick über die Geschichte der Donau-Doppelstadt …

Ulm: von der mittelalterlichen Königspfalz zur baden-württembergischen Großstadt

Aus einer Königspfalz wuchs Ulm. „Ulmer Geld" wurde sprichwört-lich, die „Ulmer Schule" prägte die Kunst der schwäbischen Spät-gotik. Der Westturm des Ulmer Münsters, eines der meistbesuchten Reiseziele Deutschlands, ist der höchste Kirchturm der Welt. 1810 wurde die Reichsstadt Ulm württembergisch, wenig später entstand am anderen Donauufer die bayerische Schwesterstadt Neu-Ulm.

854 wurde Ulm erstmals urkundlich erwähnt. Den Anlass da-zu gab die auf dem Weinhof erbaute königliche Pfalz. In einer am 22. Juli 854 in lateinischer Sprache verfassten Urkunde des ostfränkischen Königs Ludwig des Deutschen taucht sie als „hulmam palatio regio" auf. Im Schutz der Pfalz wuchs nörd-lich und östlich von ihr eine Marktsiedlung. Im 12. Jahrhun-dert erhielt Ulm unter Stauferkaiser Barbarossa das Stadtrecht.

„Hätt' ich Venedigs Macht und Augsburgs Pracht, Nürnberger Witz und Straßburger Geschütz und Ulmer Geld, so wär ich der Reichste in der Welt." So verherrlichte ein spätmittelalter-

Bild oben: Gotik und Avantgarde treffen auf dem Ulmer Münsterplatz aufeinander. Das weiße Stadthaus wurde von 1991 bis 1993 errichtet.

1377 wurde der Grundstein für den Bau des Ulmer Münsters gelegt. Das offizielle Gründungs- relief findet man am sogenannten Brautportal, das die Ulmer auch Gerichtsportal nennen.

licher Vers die bedeutendsten oberdeutschen Städte der Zeit und ihren wichtigsten Handelspartner in Oberitalien. Ober- deutschland – also Süddeutschland und das Elsass, Österreich, das heutige Südtirol und die Schweiz – war das prosperierende Wirtschaftszentrum Mitteleuropas nördlich der Alpen.

Reich wurden die schwäbischen Städte insbesondere durch die im 14. Jahrhundert aus Italien eingeführte Barchentweberei. Barchent, ein Mischgewebe aus Leinen und Baumwolle, wurde hauptsächlich zwischen Ulm und Memmingen, Kaufbeuren und Augsburg hergestellt. Die neben dem heimischen Flachs benötigte Baumwolle importierten oberdeutsche Kaufleute vor allem aus Venedig, aber auch aus Genua. Der Handel mit den Luxusgütern des Mittelmeerraums und des Orients ergab sich so fast zwangsläufig, der kulturelle Austausch mit dem damals in allen Künsten, in den Wissenschaften und im kauf- männischen Wissen überlegenen Oberitalien ebenfalls.

Aus der Zeit um 1500 stammt auch der Spruch: „Ulmer Geld regiert die Welt". Die Reichsstadt war auf dem Höhepunkt ihrer wirtschaftlichen Bedeutung angelangt. Mit dem „Ulmer Geld" waren wohl weniger die in der Reichsstadt geprägten Münzen gemeint: Ulms harte Währung war der Barchent. Das Gewebe erhielt nach der Barchentschau ein Siegel, das jene

Kurz vor dem Jahr 1600 entstand dieses Vogel-
schaubild der Reichsstadt Ulm.

hohe Qualität garantierte, die Ulmer Barchent quasi zur Zweit-
währung werden ließ. Die Donaustadt war aufgrund ihrer
günstigen Lage an bedeutenden Handelsstraßen und an der
Mündung der Iller in die Donau zudem ein wichtiger Handels-
platz für Eisen und Holz, Salz und Wein. Und auch politisch
war Ulm eine Macht: Es hatte das nach Nürnberg zweitgrößte
reichsstädtische Territorium im heutigen Deutschland arrondie-
ren können. Zum Gebiet der Reichsstadt Ulm gehörten drei
Städte – Geislingen, Albeck und Leipheim – sowie 55 Dörfer.

Während seiner wirtschaftlichen und politischen Blütezeit entwickelte sich Ulm auch zur oberdeutschen Kunstmetropole.
Den Anstoß dazu gab der im Jahr 1377 begonnene Bau des
Ulmer Münsters und dessen Ausstattung. Als Begründer der
gotischen Ulmer Schule, die herausragende Meister der Bildhauerei, Schnitzkunst und Kunstschreinerei, aber auch der
Glasmalerei und Malerei hervorbrachte, gilt der 1427 in Ulm
eingewanderte Allgäuer Hans Multscher. Kunstwerke aus der
Ulmer Produktion (vor allem Heiligenfiguren und Flügelaltäre)
wurden bis nach Wien, Südtirol und in die Niederlande ausgeführt. Ulmer Künstler waren auch anderswo sehr gefragt:
Meister wie Gregor Erhart, Adolf und Hans Daucher wanderten in das nahe Augsburg ab. Die Ulmer Schule beeinflusste
überdies auswärtige Meister wie den Augsburger Maler Hans
Holbein oder den Memminger Bernhard Strigel, immerhin der
Hofmaler des Habsburgerkaisers Maximilian I.

Ein kolorierter Stich von 1857 zeigt die zur Bundesfestung ausgebauten Donaustädte Ulm und Neu-Ulm. Der Westturm des Ulmer Münsters war damals erst knapp halb so hoch wie heute.

Im November 1530 bekannten sich die Ulmer durch einen Bürgerentscheid zum Protestantismus. Die Ausstattung des Münsters mit mehr als 50 Altären, zahlreichen Heiligenfiguren, Gemälden und Goldschmiedearbeiten ließ sich mit der neuen Lehre nicht mehr vereinbaren. 1531 kam es deshalb zum Bildersturm und zur Zerstörung vieler Kunstwerke. Der Ulmer Rat stellte allerdings etliche Meisterwerke, zum Beispiel das Chorgestühl, das Sakramentshaus, eine Christusfigur Hans Multschers – den Schmerzensmann – sowie den reichen Figurenschmuck des Westportals ausdrücklich unter seinen Schutz. Doch 166 Jahre nach der Grundsteinlegung ließ der Rat der Reichsstadt 1543 alle Arbeiten am Münster „zur Verhütung der Kosten" einstellen. Damit begann der künstlerische Niedergang der Reichsstadt. Ihren wirtschaftlichen Niedergang leitete Kaiser Karl V. ein, als er 1546 im Schmalkaldischen Krieg 35 der 55 Ulmer Dörfer plündern und teilweise sogar in Brand stecken ließ.

Nachdem bayerische Soldaten Ulm 1702 – zu Beginn des Spanischen Erbfolgekriegs – im Handstreich eingenommen hatten, wurden der bis 1704 von bayerischen und französischen Truppen besetzten Stadt 415 000 Ulmer Gulden als Kontribution abgepresst. Das in der Folge völlig verarmte Ulm stand um 1770 sogar vor dem Bankrott. Die Kriege Kaiser

Napoleons ließen die Reichsstadt weiter ausbluten. Von hier aus transportierten ab dem Ende des 17. Jahrhunderts „Ulmer Schachteln" süddeutsche Auswanderer – Donauschwaben – flussabwärts in entvölkerte Landschaften östlich von Wien. Seit 1712 beförderten „Ordinarischiffe" nach Fahrplan bis Wien.

1802 war das Ende der stolzen Reichsstadt gekommen. Als Entschädigung für verlorene linksrheinische Territorien wurde Ulm dem jungen Königreich Bayern zugeschlagen. Doch bereits 1810 fiel die Stadt ans Königreich Württemberg. Die Donau wurde nun zur Landesgrenze. Ulm wurde dadurch von einem Großteil seines südlich der Donau liegenden Hinterlands abgeschnitten. Am rechten, bayerischen Donauufer entstand jedoch eine Siedlung, die 1814 erstmals als „Neuulm" bezeichnet wurde. 1869 wurde Neu-Ulm zur Stadt erhoben.

In den ersten Jahrzehnten des 19. Jahrhunderts war das einst so mächtige Ulm zu einer unbedeutenden Provinzstadt herabgesunken. Dies änderte sich bald, als ab 1844 die Städte Ulm und Neu-Ulm zur Bundesfestung Ulm ausgebaut wurden. Bis zu 8000 Arbeiter errichteten bis 1859 insgesamt 41 Festungswerke und eine neun Kilometer lange Hauptumwallung. Die Großbaustelle brachte Ulm nicht nur einen Bahnanschluss, sondern spülte so viel Geld in die Donaustadt, dass man jetzt an die Vollendung des Münsters denken konnte. Sie war 1890 mit der Fertigstellung des Westturms abgeschlossen. Er ist seitdem sogar höher als der Turm des Kölner Doms und damit der höchste Kirchturm der Welt. Die Großbaustelle Ulm führte auch zur Entstehung der dortigen Zementindustrie, und in der zweiten Hälfte des 19. Jahrhunderts wurden zudem später so bekannte Firmen wie Magirus und Kässbohrer gegründet.

Auch für Ulm wurde der Zweite Weltkrieg zur größten Katastrophe in der Stadtgeschichte: Luftangriffe trafen die Stadt Ende 1944 und Anfang 1945. Nach dem Krieg war Ulm zu mehr als drei Vierteln zerstört, 4400 Ulmer starben bei den Bombardements, 25 000 hatten ihre Wohnungen verloren. Neu-Ulm war vergleichbar stark zerstört, sämtliche Brücken über die Donau waren gesprengt worden. 1967 wurde Ulm Universitätsstadt, 1980 zählte es erstmals 100 000 Einwohner und ist seitdem Großstadt. Die durch Bombenangriffe im Zweiten Weltkrieg verursachten Lücken im Stadt-

Die wichtigsten Sehenswürdigkeiten

Das Ulmer Münster: 1377 begannen die Ulmer mit dem Bau ihrer Pfarrkirche, im 16. Jahrhundert wurden die Arbeiten am noch unfertigen Bau eingestellt. Erst im 19. Jahrhundert wurde das Münster vollendet. Der 1890 fertiggestellte Westturm ist seitdem der höchste Kirchturm der Welt.

Das Rathaus: Spätestens ab dem 14. Jahrhundert entstand das Ulmer Rathaus. Es besteht heute aus drei Flügeln, der letzte wurde bis 1905 errichtet. Fünf gotische Prunkfenster, die astronomische Uhr und reiche Fassadenmalerei machen das Rathaus besonders sehenswert.

Der Fischkasten: Dieser auch Syrlinbrunnen genannte Röhrkasten der reichsstädtischen Wasserversorgung steht direkt

neben dem Rathaus. Die bunte Brunnensäule schuf die Ulmer Werkstatt von Vater und Sohn Syrlin. Drei Geharnischte mit Wappenschilden stammen wohl vom Bildhauer Michel Erhart.

Das Fischerviertel: Entlang der Donau und der beiden Arme der Blau zieht sich das idyllische Fischer- und Gerberviertel mit seinen romantischen Fachwerkbauten. Das Schiefe Haus ist Ulms prominentester Profanbau. Bekannt sind auch das Schöne Haus, das Schmale Haus und das Zunfthaus der Schiffleute.

Die Bundesfestung Ulm: Von 1844 bis 1859 wurden die Bollwerke der Bundesfestung Ulm errichtet. Große Teile der Forts, Bastionen, Türme, Wälle und Glacis-Anlagen in Ulm und in Neu-Ulm sind erhalten.

Avantgardistische Bauten der „Neuen Mitte" Ulms,
deren Entstehung 2007 abgeschlossen war.

zentrum sind wieder geschlossen. Mit dem bis 1993 erbauten Stadthaus und dem neu gestalteten Münsterplatz begann die „Neue Mitte" zu entstehen. Ihre Bauten wurden von international bekannten Architekten geplant. Mit der Einweihung der Kunsthalle Weishaupt war die „Neue Mitte" 2007 vollendet.

Ulm und Neu-Ulm – mit 55 000 Einwohnern drittgrößte Stadt im bayerischen Regierungsbezirk Schwaben – bilden über die Ländergrenzen Baden-Württembergs und Bayerns hinweg ein Doppelzentrum, in dem mehr als 170 000 Menschen leben.

Tipps zu Ulm und Neu-Ulm

· **Tourist-Information:** Die Ulm/Neu-Ulm Touristik informiert von Montag bis Freitag (9 bis 18 Uhr), an Samstagen bis 16 Uhr sowie von April bis September auch sonn- und feiertags (11 bis 15 Uhr) im Stadthaus am Münsterplatz. Während des Weihnachtsmarkts ist samstags von 9 bis 18 Uhr, sonntags von 11 bis 18 Uhr geöffnet.
· **Gast im Internet:** Zu allen für Besucher der Donau-Doppelstadt wesentlichen Fragen informiert www.tourismus.ulm.de.
· **Stadtgeschichte:** Die äußerst lesenswerte Website der Stadt Ulm (www.ulm.de) informiert ausführlich zur Stadtgeschichte.
· **Anfahrt:** Ulms Hauptbahnhof liegt am Rand des Stadtzentrums: Von dort aus geht man in rund fünf Minuten zum Münsterplatz. Noch zentraler ist die Tiefgarage unter der „Neuen Mitte" – die vielleicht schönste Tiefgarage Deutschlands bietet 600 Parkplätze.

Die prominentesten Ulmer und Neu-Ulmer

Albert Einstein: Der sicherlich berühmteste Ulmer aller Zeiten wurde am 14. März 1879 in der Donaustadt geboren. Als er 15 Monate alt war, zogen seine Eltern nach München um. Doch in Ulm erinnert noch einiges an Einstein und seine Vorfahren.

Hans und Sophie Scholl: Die Geschwister Scholl lebten seit 1932 in Ulm. Als Studenten in München wurden sie Mitglieder der „Weißen Rose", einer Widerstandsgruppe gegen den Nationalsozialismus. Im Februar 1943 wurden Hans und Sophie Scholl vom „Volksgerichtshof" zum Tod verurteilt und enthauptet.

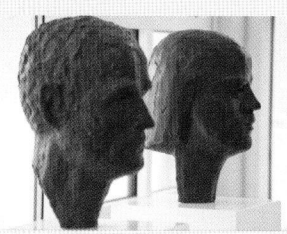

Albrecht Berblinger: 1770 wurde der später als „Schneider von Ulm" verspottete frühe Flugpionier in Ulm geboren. Er scheiterte 1811 beim Versuch, mit seinem selbstgebauten Hängegleiter die Donau zu überfliegen.

Gotische Prominenz: Die bekanntesten Vertreter der gotischen „Ulmer Schule" sind die Bildhauer Hans Multscher, Michel Erhart, Niklaus Weckmann, Daniel Mauch, Adolf Daucher und sein Sohn Hans, außerdem die Kunstschreiner Jörg Syrlin d. Ä. und sein gleichnamiger Sohn. Gefragte Maler waren Bartholomäus Zeitblom und Martin Schaffner. Für die Glasmalerei stehen Hans Acker und Jakob Acker d. Ä.

Prominenz aus Neu-Ulm: Der Bildhauer Edwin Scharff wurde 1887 in Neu-Ulm geboren. 1888 kam hier Hermann Köhl zur Welt: Der Flugpionier bewältigte den ersten Transatlantikflug von Europa nach Amerika.

Weibliche Prominenz: 1925 erblickte die Schauspielerin, Chansonsängerin und Autorin Hildegard Knef in Ulm das Licht der Welt.

Zehn Spazierwege führen zu Fuß durch Ulm und Neu-Ulm und zu den größten Sehenswürdigkeiten in der Donau-Doppelstadt. Vier Touren leiten um und in das Münster. Das Ulmer Rathaus und das idyllische Fischerviertel sowie je eine Route entlang der Donau und durchs Zentrum zeigen das Ulm der Reichsstadtzeit. Ein Spaziergang am südlichen Ufer der Donau führt in Ulms junge Schwesterstadt Neu-Ulm. Südlich der Donau liegt auch das glanzvolle Kloster Wiblingen, einst der prachtliebende Mittelpunkt eines Klosterstaats.

Rund ums Ulmer Münster: der höchste Kirchturm der Welt und gotische Portale

Den Turm des Münsters hat man in Ulm fast überall vor Augen. Mit 161,53 Metern Höhe ist er der höchste Kirchturm der Welt. Wer auf dem Münsterplatz steht, sollte sich die Zeit nehmen, dieses Gebirge aus Ziegeln und behauenem Stein einmal mit offenen Augen zu umrunden. Denn nicht nur das Innere, sondern auch das Äußere der zweitgrößten Kirche Deutschlands ist überaus sehenswert.

Das Ulmer Münster ist eine Kirche der Superlative: Der mehr als 161,5 Meter hohe Westturm ist der höchste Kirchturm der Welt. 124 Meter Länge, 49 Meter Breite, ein 42 Meter hohes Langhaus und 21 Meter hohe Seitenschiffe (Innenmaße) sowie 6000 Quadratmeter Grundfläche machen den Sakralbau zur nach dem Kölner Dom zweitgrößten Kirche Deutschlands und zur größten der evangelischen Christenheit. Darum zählt das Münster zu den zehn beliebtesten deutschen Reisezielen.

Richtig zu erfassen sind die Dimensionen dieses Bauwerks eigentlich nur aus der Luft. Die Gesamtwirkung des Münsters

Bild oben: Erst aus der Fernwirkung erschließt sich der architektonische Gesamteindruck des Münsters und des höchsten Kirchturms der Welt.

Auf dem Münsterplatz bildet das Stadthaus den architektonischen Gegenpol zum Münster.

erschließt sich weniger vom Münsterplatz aus als vielmehr aus der Entfernung: Einer der schönsten Blicke auf das selten gerüstfreie Bauwerk ergibt sich zum Beispiel vom Neu-Ulmer Donauufer aus. Der mächtige Hauptturm – der Westturm – dominiert das Langhaus der fünfschiffigen Basilika mit den beiden 86 Meter hohen Chorflankentürmen, dem Chor und insgesamt drei Seitenkapellen im Osten.

Fertiggestellt wurde der Westturm des Münsters erst ab 1844. Denn 1543, also 13 Jahre nach Einführung der Reformation in der Reichsstadt, waren die Bauarbeiten am Münster einge-stellt und die Münsterbauhütte aufgelöst worden. Der Haupt-turm hatte damals nicht einmal die Hälfte seiner heutigen Höhe erreicht, und auch der Bau der beiden Chorflankentürme befand sich noch im Anfangsstadium. Nicht zuletzt aufgrund gravierender Bauschäden wurde die Bauhütte schließlich 1844 wiederbegründet. Den Kirchturm vollendete man nach Origi-nalplänen und gegen teils heftige Widerstände bis Mai 1890.

Der Grundstein zum Kirchenbau war am 30. Juni 1377 gelegt worden. Auslöser dafür war die Belagerung von Ulm durch Kaiser Karl IV. im Jahr 1376 gewesen. Die alte Pfarrkirche lag nämlich vor den Stadtmauern ungeschützt auf freiem Feld: Während der Belagerung war den Ulmern der Gottesdienst verwehrt geblieben. Dass sich die reichen Ulmer längst eine Kirche in kathedralen Ausmaßen leisten konnten, war möglicherweise ein zweites Motiv. So ist denn auch das Ulmer Münster (wie man es erst hundert Jahre nach Baubeginn nannte) keine Bischofs- oder Klosterkirche, sondern ein durchwegs von Ulmer Bürgern finanziertes Bauwerk – ein völlig überdimensioniertes noch dazu: Da im ausklingenden Mittelalter die Bestuhlung von Kirchen unüblich war und Gottesdienste stehend gefeiert wurden, hätten mehr als 20 000 Menschen im Münster Platz gefunden. Ulm zählte aber lediglich rund 10 000 Einwohner. Heute bietet das Kirchengestühl 2000 Sitzplätze.

Den ersten Plan für den Bau der gotischen Ulmer Pfarrkirche schuf Heinrich Parler d. Ä. (um 1300 – 1387), der zuvor mit dem Bau des Heilig-Kreuz-Münsters in Schwäbisch Gmünd beschäftigt gewesen war. Er war der erste bekannte Vertreter dieser Familie von Steinmetzen, Bildhauern und Baumeistern, die im 14. Jahrhundert zum Beispiel am Bau des Veitsdoms und an der Karlsbrücke in Prag, am Rathaus von Krakau, an der Nürnberger Sebalduskirche und an den Münsterkirchen in Freiburg und Basel mitwirkten. Bis 1383 arbeitete Heinrich Parler d. Ä. am Ulmer Kirchenbau. Ihm folgten Michael Parler (von 1383 bis 1387) und Heinrich Parler d. J. (von 1387 bis 1391): Sie gaben wohl bereits den ursprünglichen Plan einer

Noble Bürgerhäuser und mittelalterliches Fachwerk – Häuserzeile am nördlichen Münsterplatz.

Der Westturm ist der Hauptturm des Ulmer Münsters – und seit 1890 der höchste Kirchturm der Welt. Er wurde damals nach einem 300 Jahre anhaltenden Baustillstand fertiggestellt.

Die beiden Löwen am Löwenbrunnen vor dem Hauptportal des Münsters halten je ein Wappenschild des Reichs und der Stadt Ulm. Der Löwe war das Wappentier der Staufer: Unter Stauferkaiser Friedrich Barbarossa wurde Ulm 1181 zur Stadt.

Hallenkirche mit drei gleich hohen Schiffen auf und nahmen eine Basilika mit einem erhöhten, durch Fenster beleuchteten Mittelschiff in Angriff.

Der Epoche der Parler folgte die Dynastie der Ensinger. Ulrich von Ensingen (von 1392 bis 1419 am Münsterbau beteiligt) plante den Westturm schon fast in den heutigen Dimensionen. Ihm folgten sein Schwiegersohn Hans Kun und dessen Sohn Kaspar, ab 1446 Ulrich Ensingers Sohn Matthäus, der den Chor und die Seitenschiffe wölbte, und dessen Sohn Moritz, der das Gewölbe des Mittelschiffs vollendete. Unter den Planungsfehlern Ulrich von Ensingens litt Matthäus Böblinger, Münsterbaumeister zwischen 1477 und 1494. Als die Kirche einzustürzen drohte, holten die Ulmer den Augsburger Stadtwerkmeister Burkhart Engelberg als neuen Leiter der Münsterbauhütte. Mithilfe von 116 Augsburger Steinmetzen gelang es ihm, den Bau zu sichern. Nach dem Ende der Ära Engelberg (1507) wurde 1518 der Rosenheimer Bernhard Winkler als vorerst letzter Werkmeister bestellt. Ab 1543 ruhten die Bauarbeiten am Münster schließlich 300 Jahre lang.

Die Fertigstellung des Westturms (nach alten Plänen des Baumeisters Böblinger) sollte auch den Münsterplatz verändern. Um eine freie Sicht auf den höchsten Kirchturm der Welt zu gewinnen, wurde 1878 das Barfüßerkloster an der Westseite

Zwei schlanke hohe Pfeiler tragen die dreiteilige Arkade vor dem Doppelportal des Münsters: Geplant hat das Hauptportal der Münsterbaumeister Ulrich von Ensingen.

des Münsters abgerissen und der Münsterplatz „freigelegt". Der so neu gewonnene Platz sollte umgehend bebaut werden. Doch erst nach hunderten Entwürfen und (ab 1924) 17 Gestaltungswettbewerben wurde hier bis 1993 das sogenannte Stadthaus des New Yorker Stararchitekten Richard Meier errichtet – quasi eine begehbare Skulptur in Weiß.

Mit dem Abriss des Barfüßerklosters war zunächst auch der im 17. Jahrhundert entstandene **Löwenbrunnen** aus dem Stadtbild verschwunden. Nach verschiedenen Standorten hat er 1992 nun auf dem Münsterplatz – vor dem Westportal der Kirche – seinen Platz gefunden. Der gedoppelte Löwe steht auf einer bemalten Brunnensäule über dem achteckigen Brunnentrog. Einer der Löwen hält das Wappenschild mit dem Reichsadler, der andere einen schwarz-weißen Ulmer Schild (Original der Brunnensäule im Ulmer Museum).

Der Figurenschmuck am **Westportal** entstand in einem Zeitraum von mehr als hundert Jahren. An den beiden hohen Pfeilern der Dreierarkade der Vorhalle vor dem Doppelportal

*An der Wand über der Hauptportalarkade sieht
man beiderseits der Zentralfigur der Maria jeweils
drei Jungfrauen und sechs Apostel.*

sind links die Kirchenpatrone Antonius und Johannes der
Täufer, rechts Maria und Martin dargestellt. An der Stirnwand
über den Arkaden sieht man rechts und links von der Figur

*Das umfangreiche Figurenprogramm am Haupt-
portal des Münsters entstand in einem Zeitraum
von mehr als hundert Jahren.*

Von der Schöpfung über die Vertreibung Adam und Evas aus dem Paradies bis hin zu Kain und Abel reicht das Bildprogramm der Figurenreliefs in den Bogenfeldern des Hauptportals.

der Muttergottes je drei Jungfrauen und sechs Apostel. Diese Skulpturen sind Arbeiten des Ulmer Meisters Hartmann aus der Zeit um 1420.

In den Bögen über den beiden Eingängen sieht man zwölf an Schreibpulten sitzende Apostel, geschaffen vom sogenannten „Kreuzwinkelmeister". Der Hauptbogen darüber zeigt in der äußeren Bahn die fünf klugen und die fünf törichten Jungfrauen, in der inneren Bahn zehn Apostel mit den Zeichen ihrer Martyrien. Bereits im Zuge der Planung eines Portals in der Zeit um 1385/90 wurden die Szenen der Halbreliefs im großen Bogenfeld über den beiden Portalen geschaffen. Sie stellen die Schöpfungsgeschichte dar. Diese Figurenfelder entstanden sehr wahrscheinlich in zwei Abschnitten. Als sie ein Vierteljahrhundert später versetzt wurden, gerieten einige Motive durcheinander.

Die zentrale Figur am Mittelpfeiler des Doppelportals ist der **Schmerzensmann**. Dieses Meisterwerk hat der zwei Jahre zuvor nach Ulm berufene Stadtwerkmeister Hans Multscher 1429 geschaffen. Die Figur des leidenden Christus am Portal

Am Mittelpfeiler des Doppelportals findet man den sogenannten Schmerzensmann Hans Multschers. Er schuf die anrührende Figur des leidenden Christus 1429. Zwei Jahre zuvor war der Allgäuer in die Reichsstadt geholt worden, wo seine Bildhauerkunst die Blütezeit der „Ulmer Schule" initiierte.

ist ein Abguss, das Original wurde in das Innere des Münsters übertragen. Nach 1429 war die Ausschmückung des Westportals zunächst einmal 70 Jahre lang abgeschlossen.

Zunftmeister Niklaus Weckmann schnitzte 1495 seinen Figurenzyklus für das Münsterportal. Ein grauer Anstrich lässt das Holz wie Stein aussehen.

An der westlichen Nordfassade des Münsters hat man das Kleine Marienportal eingebaut. Es wurde ursprünglich für die alte Ulmer Kirche geschaffen.

Das Hauptaugenmerk der Bauhütte galt in den folgenden Jahrzehnten der Sicherung des einsturzgefährdeten Turms. Erst 1495 wurde Zunftmeister Niklaus Weckmann damit beauftragt, weitere Figuren für den Mittelpfeiler und für die Bogenlaibungen dieses Portals zu gestalten. Aus Lindenholz schnitzte Weckmann seinen 21-teiligen *Figurenzyklus* mit den vier Evangelisten, Kirchenvätern und Bischöfen, Märtyrern, der Anna Selbdritt, Maria und Johannes. Die Versuchung des Eremiten Antonius durch die Fleischeslust stellte Weckmann (etwas versteckt an der rechten Bogenlaibung) mit der kleinen, auf dem Sockel hockenden Teufelin dar, die dem Heiligen den Rock bis zum Knie hebt. Die ursprünglich farbig gefassten Figuren aus Holz harmonierten mit den einst ebenfalls bunt bemalten Skulpturen aus Stein. Als die Farben abgewittert waren, passte man die Schöpfungen Weckmanns mit einem grauen Anstrich an die Optik des Steins an.

Es lohnt sich, auch die vier Seitenportale des Münsters etwas genauer anzusehen. Links vom Hauptportal geht es vorbei an der Münsterbauhütte zunächst zur Nordfassade der Kirche

*Das Passionsportal ist das östliche an der Nord-
fassade des Ulmer Münsters. Es zeigt die Leidens-
geschichte Jesu Christi.*

und dort zum westlich gelegenen **Kleinen Marienportal**. Es
wird auch Arbeiterportal genannt, weil hier der Hof der Bauhütte liegt: Ein Blick über den Zaun ist möglich. Das auf 1356
datierte Portal ist das älteste und kleinste der vier Seitenportale
und einzige ohne Vorhalle. Zwei Halbrelieffelder zeigen Christi
Geburt und die Anbetung durch die Heiligen Drei Könige. Das
Kleine Marienportal entstand wie die beiden östlichen Portale
noch vor der Grundsteinlegung des Münsters: Alle drei wurden
für die alte Kirche vor der Stadtmauer geschaffen.

An der östlichen Seite der Nordfassade des Münsters stellt das
Passionsportal (auch Reformationsportal genannt) die Leiden
Christi dar. Auch bei diesem gegen 1370 entstandenen Portal
sind die Bogenreliefs auf zwei Felder verteilt. Das obere zeigt
die Kreuztragung, die Kreuzigung Christi und der beiden

Das Brautportal (an der östlichen Südfassade) stellt im oberen Bogenfeld Christus als Welten-richter dar. Unter dieser Szene trennen vier tuben-blasende Engel die Seligen von den Verdammten.

Schächer sowie die Wiederauferstehung. Die unteren Felder stellen den Garten Gethsemane, den Judaskuss, Jesus vor Pilatus, die Geißelung und die Dornenkrönung dar.

Das **Brautportal** (auch Gerichtsportal genannt), das Ostportal an der Südseite der Kirche, entstand ab der Zeit um 1380. Um 1385 wurde es hierher versetzt. Das oberste Feld zeigt den von Engeln umgebenen Christus als Weltenrichter, des-sen Wort hier als Schwert dargestellt ist. Maria und Johannes beten ihn an. Im unteren Feld blasen vier Gerichtsengel mit Tuben zur Auferstehung. Sie teilen den Zug der Seligen und den der Verdammten. Letztere werden nach rechts an einer

Das Brautportal des Münsters führte den
Ulmern des 15. Jahrhunderts drastisch vor
Augen, was auch ihnen im Falle eines
Fehlverhaltens blühte: Der gierige Höllen-
schlund im Portalrelief verschlingt all jene
angeketteten Sünder, die beim Jüngsten
Gericht auf die Seite der Verdammten
geführt werden.

Das Große Marienportal, das Südwestportal des Münsters, zeigt figurenreiche Szenen aus dem Leben Mariens.

Kette in die Hölle geführt. Malereien am Portalbogen zeigen die klugen und die törichten Jungfrauen. In die Ostmauer der Vorhalle ist das erste, offizielle **Gründungsrelief** (Kopie) zur Erinnerung an die Grundsteinlegung von 1377 eingelassen. Das zweite, später entstandene, weit bekanntere Gründungsrelief des Bürgermeisters Lutz Krafft findet man im Münster.

Das Südwestportal – das sogenannte **Große Marienportal** – fällt wegen seiner Größe, der drei Tore und der figurenreichen Bogenreliefs aus dem Rahmen. Es wurde ursprünglich wohl als Hauptportal des Münsters geschaffen. Die oberen drei streifenförmig angeordneten Relieffelder zeigen dicht gedrängte Szenen aus dem Leben Mariens. Sie entstanden wohl schon um 1380. Ungefähr 20 Jahre später wurden die drei unteren Reliefs über den Toren gefertigt. Sie zeigen, erkennbar lebhafter gestaltet, die Geburt Jesu, den Zug der Heiligen Drei Könige und die Anbetung des Kindes. Die Reliefs wurden wohl erst beim Versetzen des Portals im Jahr 1400 eingefügt.

Wenige Jahre nach Baubeginn des Münsters entstand das von einem Engel getragene große Reichsadlerschild über dem Sakristeivorbau beim Chor. Der Chor war der erste Bauabschnitt der gotischen Kirche, der nach der Grundsteinlegung im Jahr 1377 in Angriff genommen wurde.

Am südlichen Chorflankenturm kommt man an einem großen **Steinrelief** des nach 1383 entstandenen Reichsadlers an der Stirnwand über dem Sakristeivorbau vorbei. Der Adler wird von zwei (stark abgeblassten) Ulmer Wappenschilden flankiert. Ein Kapitel für sich sind die zahlreichen, für gotische Kirchen typischen **Wasserspeier**. Ebenso kunst- wie fantasievoll gestaltete Drachen und sagenhafte Bestien, Elefanten, Vögel und Fische zieren die Außenwände des Münsters: Sie speien Regenwasser durch weit aufgerissene Mäuler in hohem Bogen nach außen. Um einen dieser Wasserspeier an der Nordseite des Münsters, der das Nass über sein Hinterteil entsorgt, dreht

Zahlreiche fantasievoll gestaltete Wasserspeier an den Außenwänden des Münsters entsorgen das Regenwasser und schützen damit das Mauerwerk.

Ein Detail im mittleren unteren Relieffeld des figurenreichen Großen Marienportals: Die Heiligen Drei Könige treffen den jüdischen König Herodes vor seiner Burg (im Bild unten rechts).

Ein Strauß an der Nordseite des Münsters ist der Hintergrund einer Ulmer Stadtsage. Regengüsse entsorgte dieser Wasserspeier durch sein Hinterteil in Richtung eines Nachbarhauses. Dies sei angeblich der Racheakt eines unstandesgemäß verliebten Steinmetzen gewesen. Heute lässt dieser Vogel sein Wasser allerdings auf den Hof der Münsterbauhütte ab.

sich eine Lokalsage: Ein Steinmetz der Bauhütte habe den Rückwärtigen eines steinernen Straußen auf das Haus eines reichen Kaufherrn gerichtet. Der hatte ihm den Umgang mit seiner Tochter untersagt. Der Liebende habe sich im Rahmen seiner Möglichkeiten an ihm gerächt, so die Legende. Wahr ist: Es ist nicht einmal klar, ob die Wasserspeier nicht erst bei den Bauarbeiten im 19. Jahrhundert angebracht wurden. Auf zwei erwähnenswerte Bauten und zwei Brunnen stößt man beim Chor des Münsters. Östlich liegt die Schuhhaus-

Östlich vom Chor des Münsters entdeckt man das Schuhhaus und den Georgsbrunnen.

Die kleine Valentinskapelle an der Südseite des Chors, von der östlich davon gelegenen Schuhhausgasse aus gesehen. Eine Ulmer Patrizierfamilie stiftete das gotische Bauwerk als Grabkapelle.

gasse, benannt nach dem 1536/37 errichteten **Schuhhaus**, einer Mischung aus Spätgotik und Renaissance. Im ersten Obergeschoss hatten die Patrizier einen Tanz- und Fechtsaal. Dort finden heute Wechselausstellungen des Kunstvereins Ulm statt. Vor der Fassade steht auf einer hohen Säule die Figur des 1580 entstandenen **Georgsbrunnens** (Kopie von 1856).

Südlich des Chors steht die kleine gotische **Valentinskapelle**. Die Patrizierfamilie Rembold stiftete sie 1458 als Grabkapelle.

An der Westseite der Valentinskapelle plätschert der 1585 entstandene Delphinbrunnen.

Weil man nach der Reformation in der profanierten Kapelle Fett verkaufte, wurde der Bau im Volksmund „Schmalzhäusle" genannt. Die Kapelle gehört heute der evangelischen Gesamtkirchengemeinde, die sie der russisch-orthodoxen Gemeinde als Gotteshaus überlässt. Auf dem Taubenplätzle an der Westseite der Valentinskapelle hat man 1911 den **Delphinbrunnen** aufgestellt: Der Augsburger Stadtgießer Wolfgang Neidhart hat ihn 1585 ursprünglich als Wasserverteiler des Glockenbrunnenwerks, eines Wasserturms am Seelengraben, gefertigt. Die überlangen Schwänze wasserspeiender Delfine vereinen sich in Form einer Krone zur Mittelsäule hin. Diese pokalartige Säule wird von einem kleinen Neptun bekrönt.

Am südlichen Münsterplatz kommt man beim Spaziergang ums Münster an die **Stele zum Gedenken an die Widerstandsgruppe der „Weißen Rose"**. Diese vom international renommierten Ulmer Designer Otl Aicher gestaltete Doppelstele erinnert mit ihrer Inschrift an Hans und Sophie Scholl. Weil sie Aufrufe gegen den Nationalsozialismus verteilt hatten, wurden die Geschwister am 22. Februar 1943 vom „Volksgerichtshof" zum Tod verurteilt und noch am selben Tag hingerichtet. In den Jahren von 1939 bis 1943 lebte die Familie Scholl im Haus Münsterplatz 33.

Eine „begehbare Skulptur" ist das Stadthaus des New Yorker Stararchitekten Richard Meier auf dem Münsterplatz. Von der Dachterrasse genießt man die freie Aussicht auf das Münster.

Ihr Weg zu Fuß (in 15 bis 30 Minuten möglich)

Das ❶ Münster und das ❷ Stadthaus beherrschen den Münsterplatz, an dessen westlichem Rand der ❸ Löwenbrunnen steht. Von
da aus schaut man auf das ❹ Hauptportal des Münsters. An dessen
Nordseite gelangt man, vorbei an Gebäuden der Münsterbauhütte,
zum ❺ Kleinen Marienportal und zum ❻ Passionsportal. Östlich des
Chors liegt die Schuhhausgasse mit dem ❼ Schuhhaus. Auf einem
kleinen Platz davor steht der ❽ Georgsbrunnen. Auf dem südlichen
Münsterplatz beim Chor stößt man auf die ❾ Valentinskapelle, davor steht der ❿ Delphinbrunnen. An der Südseite der Kirche liegen
das ⓫ Brautportal und das ⓬ Große Marienportal. Die ⓭ Stele zur
Erinnerung an die „Weiße Rose" steht am Südwestrand des Platzes.

Tipps zum Spaziergang ums Ulmer Münster

· **Stadthaus:** In der „Architektur-Skulptur" des Stararchitekten
Richard Meier finden auch Konzerte und Ausstellungen statt. Den
Touristen lockt hier nicht zuletzt das Untergeschoss: Dort findet
man Toiletten, die man getrost als Visitenkarten der Stadt bezeich-
nen kann. Auf dem Weg dorthin kommt man an einer Dauerausstellung vorbei, die zur Stadtgeschichte informiert. Das Stadthaus
ist täglich ab 10 Uhr, sonntags ab 11 Uhr geöffnet.

· **Tourist-Information:** Im Stadthaus gibt die Tourist-Information der
Ulm/Neu-Ulm Touristik GmbH (UNT) Rat und Auskunft.

· **Gastronomie:** Im Stadthaus bewirtet täglich das „cafe restaurant
stadthaus ulm", in der warmen Jahreszeit mit Freiluftgastronomie
auf dem Münsterplatz (www.cafe-restaurant-stadthaus.de).

Im Münster: Meister der „Ulmer Schule" in der zweitgrößten Kirche Deutschlands

Das Innere des Ulmer Münsters ist nicht nur wegen seiner außerge-
wöhnlichen Dimensionen sehenswert. In der evangelischen Kirche
findet man zahlreiche Kunstschätze der „Ulmer Schule" – Steinbild-
hauerei, Schnitzkunst, Malerei und Glasmalerei. Das Chorgestühl
und der Schmerzensmann, das Sakramentshaus sowie der Schall-
deckel der Kanzel sind Meisterwerke aus der Ulmer Blütezeit.

Als die Innenstadt im Zweiten Weltkrieg durch Luftangriffe
in den Jahren 1944 und 1945 großteils zerstört wurde, hatte
Ulm Glück im Unglück: Das Münster überstand den Bomben-
hagel nahezu unbeschadet. Im Inneren der Kirche hat jedoch
der protestantische Bildersturm vom 21. Juni 1531, der Ulmer
„Götzentag", unschätzbar wertvolle Kunstwerke vernichtet.

Im Herbst 1530 hatten sich die Ulmer mit großer Mehrheit
für den neuen Glauben entschieden. 1531 wurde die Messe
abgeschafft – zuvor waren in Ulm jährlich 20 000 Messen

Bild oben: Wenn Sonnenstrahlen durch die (hier
modernen) Glasmalereien der Kirchenfenster an
der Südfassade fallen, „bemalt" bunt gefärbtes
Licht die Säulen im südlichen Mittelschiff.

Das Grundsteinlegungsrelief am dritten südlichen Pfeiler von Osten stellt dar, wie Bürgermeister Lutz Krafft und seine Ehefrau dem tief gebückten Baumeister Heinrich Parler d. Ä. die schwere Last der Verantwortung für den Kirchenbau aufladen.

gelesen worden. Rund hundert Jahre lang, beginnend von der Einwanderung Hans Multschers in Ulm im Jahr 1427 bis kurz vor der Einführung der Reformation, hatte die Ausstattung des Münsters dazu geführt, dass Steinbildhauerei, Schnitzkunst, Malerei und Glasmalerei in höchster Blüte standen. Kunst aus Ulm war ein Exportschlager und Wirtschaftsfaktor. Bildhauer wie Hans Multscher (um 1400–1467), Niklaus Weckmann (um 1456–1527), Michel Erhart (um 1440/45–nach 1522) und sein Sohn Gregor Erhart (1470–1540) sowie Daniel Mauch (1477–1540), nicht zuletzt die Kunstschreiner Jörg Syrlin d. Ä. (um 1425–1491) und sein Sohn Jörg Syrlin d. J. (1455–1521) waren besonders gefragte Vertreter der „Ulmer Schule".

1531 aber wurden kostbare Kelche und Monstranzen ins Steuerhaus gebracht und die Stifter – reiche Familien, Patrizier und Zünfte – aufgefordert, ihre Altäre aus dem Münster zu entfernen. Dies taten nur die wenigsten, weshalb von den zuvor mindestens 50 Altären im Münster nach dem Bildersturm von 1531 nur sechs gerettet und in Dorfkirchen übertragen wurden. Die verbliebenen Altäre wurden aus dem Münster getragen, „zerscheytet und den armen leutten als ein brennholz

Fünf Meter hoch ist das Kruzifix im Scheitel des Chorbogens, vier Meter misst bereits der Korpus. Im Münster hängt heute nur noch eine Kopie. In der nahegelegenen Klosterkirche in Wiblingen ist das Originalkreuz zu besichtigen.

gegeben". Zahlreiche Heiligenfiguren, Gemälde und die Orgel wurden an diesem Tag ebenfalls vernichtet. Ein blindwütiges Vernichtungswerk war der Ulmer „Götzentag" trotz allem nicht. Der umsichtige Rat der Reichsstadt hatte dafür gesorgt, dass besonders wertvolle Kunstwerke – das Chorgestühl, das Sakramentshaus und der Schalldeckel der Kanzel, aber auch der reiche Figurenschmuck am Hauptportal (zu dem auch Multschers Schmerzensmann gehörte) – vor allzu blinder Zerstörungswut geschützt waren. Schmerzlich vermisst wird heute jedoch der 1531 circa 15 Meter hohe, zerstörte Hauptaltar Jörg Syrlins d. Ä. mit zahlreichen Heiligenfiguren des Bildhauers Michel Erhart. Der im Vergleich dazu sehr unterdimensionierte, erst im Jahr 1808 aufgestellte (wenn auch ursprünglich aus dem Münster stammende) heutige Choraltar – der sogenannte Hutzaltar – kann ihn nicht ersetzen.

Doch trotz aller Verluste ist das Münster noch immer fast als ein „Museum" Ulmer Meister anzusehen. Dies beginnt im westseitigen Mittelschiff der Kirche: Den Schalldeckel der **Kanzel** vor dem zweiten der acht Pfeiler zwischen dem Mittelschiff und den beiden nördlichen Seitenschiffen schnitzte Jörg Syrlin d. J. bis 1510 aus Lindenholz. In der Mitte dieser Turmpyramide hat Syrlin eine kleine zweite Kanzel eingebaut, zu der eine Wendeltreppe hinaufführt – „die Kanzel des unsichtbaren Predigers". Der Meister hat das Motiv des Schalldeckels in der spätgotischen Pyramide noch zweimal wiederholt.

*Im Mittelschiff des Ulmer Münsters – hier mit
Blick auf den Chorbogen und die mittelalterlichen Glasmalereien im Chor. Links am Pfeiler ist
die Kanzel mit dem bis 1510 von Jörg Syrlin d. J.
geschnitzten Schalldeckel angebracht.*

Die größten Sehenswürdigkeiten im Ulmer Münster

Ein kleines Portal (rechts, also südlich vom Hauptportal) ist der
① Besuchereingang zum Münster. Am ② Aufgang zum Westturm
vorbei gelangt man durch die ③ südwestliche Vorhalle in die südlichen ④ Seitenschiffe, in das ⑤ Mittelschiff, in die ⑥ Vorhalle beim
Hauptportal und in die ⑦ nördlichen Seitenschiffe. An der Südseite
des ⑧ Münsterchors liegt die ⑨ Bessererkapelle. Sie ist vom Chor
aus zugänglich. Nördlich (links) vom Chorbogen kommt man über
das Seitenschiff in die ⑩ Neithartkapelle. Das Erdgeschoss des südlichen Chorturms beherbergte vormals die Sakristei der Pfarrkirche,
die heutige ⑪ Konrad-Sam-Kapelle (nicht öffentlich zugänglich).

Beim Weg durch das Mittelschiff des Münsters stößt man zunächst
auf den ❶ Schalldeckel der Kanzel. Schon von Weitem sieht man
das ❷ Kruzifix am Chorbogen sowie das riesige ❸ Fresko mit dem
Weltgericht beiderseits des Chorbogens. Links des Chorbogens
erhebt sich das ❹ Sakramentshaus, wiederum links davon ist die
❺ Monumentalfigur von Bürgermeister Hans Ehinger zu sehen. Das
Original von Hans Multschers ❻ Schmerzensmann hat man rechts
vom Chorbogen angebracht. Unter dem Kruzifix stehen der ❼ Kreuzaltar sowie der Dreisitz von Jörg Syrlin d. Ä. Er schuf auch das ent-

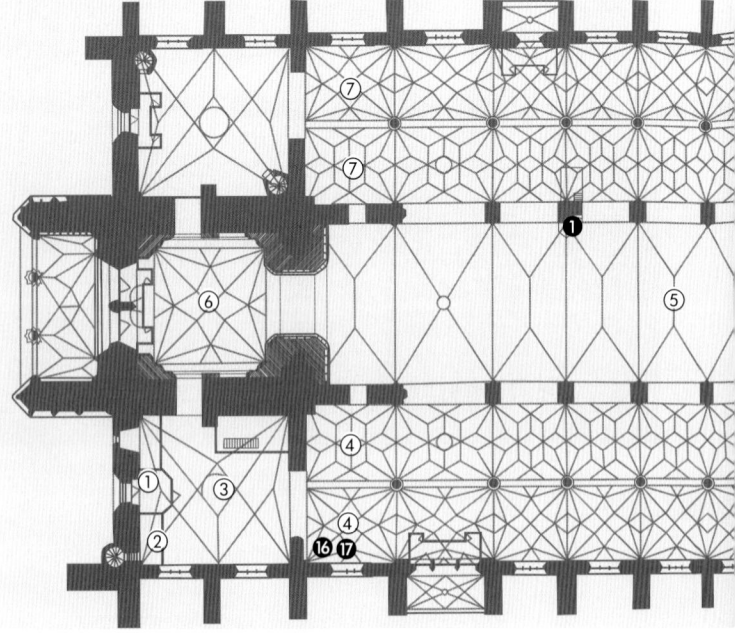

lang der Nordseite des Chors aufgestellte ❽ Chorgestühl mit acht Büsten antiker Denker, Dichter und Redner sowie das südlich aufgestellte ❾ Chorgestühl mit acht Sybillen als Gegenstück (Büsten von Michel Erhart). Der Choraltar, der sogenannte ❿ Hutzaltar, steht vor den ⓫ mittelalterlichen Glasmalereien in den sechs Chorfenstern.

Auch in der südlich an den Münsterchor angrenzenden Bessererkapelle entdeckt man beachtliche ⓬ mittelalterliche Glasmalereien in drei Fenstern. Im nördlichen der beiden südlichen Seitenschiffe stößt man auf drei erwähnenswerte Sehenswürdigkeiten: Jeweils bei einem Pfeiler zwischen den beiden Seitenschiffen stehen das ⓭ Weihwasserbecken und der ⓮ Taufstein. An dem benachbarten (von Osten gezählt) dritten Pfeiler beim Mittelschiff entdeckt man ⓯ das Grundsteinlegungsrelief. Auf dem Weg zurück zum Eingang des Münsters geht man an der ⓰ Originalfigur des Ulmer Spatzen vorbei, die hier in einer Glasvitrine – direkt neben dem ⓱ Parlerstein (dem Grabstein eines der Baumeister Parler) – aufgestellt ist.

Die Bessererkapelle, Neithartkapelle und Konrad-Sam-Kapelle werden auf den Seiten 70 bis 77 ausführlich beschrieben. Die Besteigung des Westturms wird auf den Seiten 78 bis 81 geschildert.

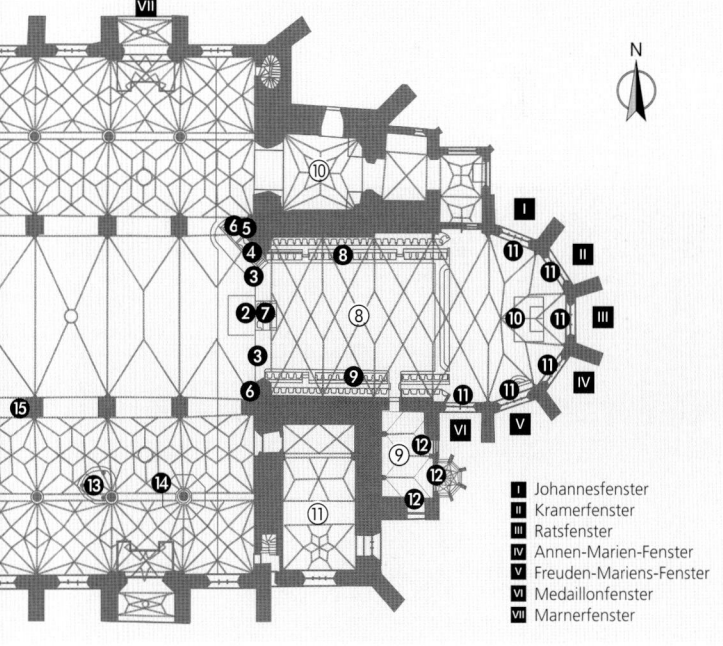

I   Johannesfenster
II   Kramerfenster
III   Ratsfenster
IV   Annen-Marien-Fenster
V   Freuden-Mariens-Fenster
VI   Medaillonfenster
VII   Marnerfenster

Die überlebensgroßen *Pfeilerfiguren* zwischen dem Mittel-schiff und den Seitenschiffen entstanden im 19. Jahrhundert. Sehr viel älter sind die *Konsolen*, auf denen sie stehen: Mindestens 28 dieser 35 filigranen Steinmetzarbeiten stammen noch aus der Zeit der Baumeister Parler.

Das riesige *Chorbogenfresko* zeigt Christus, der über dem Weltgericht thront. Vor ihm knien Maria und Johannes der Täufer. Im mittelalterlichen „Wimmelbild" sind die Apostel, alttestamentarische Väter, sieben heilige Jungfrauen sowie Gruppen von Päpsten, Bischöfen und Mönchen zu erkennen. Posaunenblasende Engel schweben darunter beiderseits des Chorbogens, der die Seligen von den Verdammten trennt. Teufel reißen die nackten Sünder mit sich in den Abgrund. Diese erst 1880 wiederentdeckte Wandmalerei entstand bis 1471. Sie wird dem Ulmer Hans Schüchlin (um 1430 – 1505) zugeschrieben. Sie bildet 130 Protagonisten ab und gilt als größtes Fresko nördlich der Alpen.

Im Chorbogenscheitel hängt ein fünf Meter hohes *Kruzifix*, das eine Ulmer Werkstatt um 1500 schuf (Kopie, das Original hängt in der Klosterkirche Wiblingen). Über dem Kreuz halten zwei um 1395 geschaffene Engel im Scheitelstein des Chor-bogens einen Hammer, eine Zange und eine Krone.

Jesus Christus thront im Zentrum des Freskos am
Chorbogen über dem szenenreichen Weltgericht.

Unter Gruppen von Heiligen und Bischöfen im Weltgerichtsfresko blasen Tubenengel. Darunter zerren bemerkenswert hässliche Teufel die Verdammten in die Tiefen der Hölle.

Das Sakramentshaus am linken Chorbogen des Münsters ist das älteste, größte und das höchste Deutschlands. Am Pfeiler rechts ist das zweite Grundsteinlegungsrelief des Ulmer Bürgermeisters Lutz Krafft zu erkennen.

*Ein mittelalterlicher Über-
setzungsfehler führte dazu,
dass die Figur des Moses im
gotischen Sakramentshaus
des Ulmer Münsters goldene
Hörner trägt.*

Am linken Chorbogen wächst das von 1467 bis 1471 ausge-
führte spätgotische **Sakramentshaus** empor, das höchste und
größte Sakramentshaus Deutschlands. Um 1470 entstanden
die beiden Stützfiguren unter der Doppeltreppe der 26 Meter
hohen Turmspitze, die Heiligen Sebastian und Christophorus.
Figuren der Brüstung der Treppe stellen wohl die vier Kirchen-

*Stützfiguren am Sakramentshaus: Der heilige
Sebastian sowie der heilige Christophorus mit
dem Kind und der Weltkugel. Diese Figuren
entstanden wahrscheinlich um das Jahr 1470.*

*An einen Vorgänger des gotischen Sakraments-
hauses erinnert neben dem linken Chorbogen
die steinerne Figur des 1381 verstorbenen Ulmer
Bürgermeisters Hans Ehinger, genannt „Habfast".*

väter dar, an den Pfeilern des Geländers entdeckt man zwei
Päpste, vier Bischöfe und zwei niedere Geistliche mit Barett
und Chorhemd, am Handlauf findet man etliche Drolerien –
kleine groteske Verkörperungen von Menschen, Tieren und
Fabelwesen. Der filigrane Turmaufbau über dem Tabernakel
beherbergt drei Reihen bemalter Figuren: Unten drei Steinfiguren, die Moses (er ist wegen eines mittelalterlichen Über-
setzungsfehlers mit Hörnern dargestellt), David (mit Krone)
und vermutlich Aaron zeigen. Diese drei Figuren sind wohl
Werke Hans Multschers, entstanden um das Jahr 1460. Darüber sieht man in zwei Ebenen farbig gefasste Holzfiguren,
die acht (in der Mitte zwei, oben sechs) Weise und Propheten
des Alten Testaments darstellen. An den unteren drei Holzfiguren soll Michel Erhart beteiligt gewesen sein.

Das Sakramentshaus ersetzte einen schon 1420 genannten
Vorgänger an gleicher Stelle. Daran erinnert die ausdrucks-
starke **Stifterfigur** des 1381 verstorbenen Bürgermeisters
Hans Ehinger (genannt „Habfast") auf einer Wappenkonsole
am Wandpfeiler über der linken Treppe am Sakramentshaus.

Die Originalskulptur des Schmerzensmanns von Hans Multscher findet man am rechten Chorbogenpfeiler des Münsters. Es ist eines der Schlüsselwerke der gotischen „Ulmer Schule".

Am rechten Chorbogenpfeiler ist die **Originalfigur des Schmerzensmanns** angebracht, die Hans Multscher 1429 ursprünglich als Stiftung des Ulmers Hans Hutz für das Westportal (dort steht heute eine Kopie) geschaffen hat. Der Kunstführer Dehio nennt die lebensgroße Statue aus Sandstein ein „Schlüsselwerk deutscher Skulptur" im 15. Jahrhundert. Es war eines jener Ulmer Werke, die um 1430 den sogenannten spätgotischen Realismus begründeten. Diese lebensnahe, anrührende Darstellung des auferstandenen dornengekrönten Christus, dessen Rechte auf das von einer Lanze verursachte Wundmal deutet und dessen Linke eine Nagelwunde zeigt, machte Multscher weit über Ulm hinaus bekannt.

Das sicherlich populärste Meisterwerk im Münster ist jedoch das **Chorgestühl** des Schreiners Jörg Syrlin d. Ä. Als er 1469 mit der Herstellung dieses Kirchengestühls aus ungefasstem Eichenholz begann, hätte er gemäß Vertrag vier Jahre dafür benötigen dürfen. Mit einem Jahr Verspätung, 1474, war das ursprünglich vierteilige Chorgestühl am Ende fertiggestellt. Nur drei von vier Teilen sind erhalten: Verschwunden ist das

Der Kreuzaltar bildet die Rückseite des Chorgestühls. Er teilt das Langhaus vom Chor ab. Dies war früher die Trennung zwischen dem Bereich der Geistlichen und dem der Laien.

Den Kreuzaltar bekrönt eine Christusfigur unter einer geschnitzten Fialsäule. Darunter schauen Figuren mit Schriftbändern aus drei Spitzfenstern.

damals beim Hochaltar stehende Priestergestühl, das noch um 1800 dem Zeitgeschmack zum Opfer fiel und zerhackt wurde.

Zwischen Chor und Mittelschiff steht der **Dreisitz**, der wahrscheinlich als Sitzplatz für hohe Gäste gedacht war. Er entstand, wohl als Probestück des Kunstschreiners Syrlin, schon 1468. Vermutlich erst nach 1469 schmückte ihn der Bildhauer Michel Erhart mit den Büsten zweier weissagender Frauen, der Samischen (links mit Blick auf den Altar, also nördlich) und der Erythräischen Sibylle (rechts, südlich). Die Inschriften ihrer Spruchbänder tragen auf Christus bezogene Prophezeiungen.

Der Dreisitz steht an der Rückseite vom **Kreuzaltar**, der den Chor vom Mittelschiff trennt. Benannt ist er nach dem Kruzifix im Chorbogen. Der Kreuzaltar grenzte früher den Bereich der Geistlichen gegen die Laien ab. Geschnitzte Reliefporträts von drei Männern halten in den Spitzfenstern unter der bekrönenden Christusfigur ihre Schriftbänder in Richtung des Mittelschiffs. Unter diesen drei Fenstern zeigt ein querformatiges Altargemälde, 1515 vom Nürnberger Stadtmaler Hans Schäufelin geschaffen, das Motiv des heiligen Abendmahls.

Jörg Syrlin d. Ä. schuf das Kirchengestühl, das den Chor des Ulmer Münsters auf drei Seiten fasst. Das Chorgestühl entlang der Nordwand wurde unter anderem mit Büsten antiker Dichter, Philosophen und Redner verziert. Im Bild: Der Römer Seneca (links) und der Grieche Ptolemäus.

Die Männerseite des Chorgestühls zieht sich in zwei Sitzreihen hintereinander an der Nordwand des Chors entlang.

In den folgenden Jahren schuf Syrlin das Gestühl beiderseits des Chors, das mit jeweils zwei Sitzreihen hintereinander insgesamt exakt 79 Sitzplätze bietet. Die beiden Gestühle sind jeweils 18 Meter lang. Das klar gegliederte Chorgestühl wurde mit drei Motivzyklen gestaltet: In die Spitzbogen der reich geschnitzten Baldachine wurden kleine Reliefs von Aposteln, Heiligen und Märtyrern eingearbeitet. Die Rückwände des Gestühls zeigen ungefähr doppelt so große Halbreliefs mit Gestalten aus dem Alten Testament, die Spruchbänder halten. An den jeweiligen Enden der Pulte vor den beiden Sitzreihen

„Herrgottsbscheißerle" nennt man in Ulm recht drastisch die Miserikordien (lateinisch: Misericordia = Mitleid) an der Unterseite der Klappsitze im Chorgestühl. Wer während des Gottesdienstes allzu lange stehen musste, konnte sich mit dem Hinterteil unauffällig auf den grotesken und teils derben Schnitzereien abstützen.

Als Gegenstück zur Männerseite entstand die Frauenseite des Kirchengestühls an der Südwand des Münsterchors.

wurden – beinahe in Lebensgröße – als Wangenbüsten vollplastisch geschnitzte Gestalten der Antike angebracht.

Ornamentale Flachschnitzereien und fantasievolle Grotesken von Menschen, Tieren und Fabelwesen schmücken die Knäufe und (hochgeklappten) Unterseiten der Sitze des Gestühls. Die Letzteren zieren Miserikordien (vom lateinischen Misericordia für Mitleid oder Barmherzigkeit), die an der Unterseite der bei mittelalterlichen Chorgestühlen üblichen Klappsitze angebracht wurden. Wenn der Gottesdienst sehr lange dauerte, konnte man sich heimlich auf sie setzen, weshalb diese verborgenen Stützen in Ulm auch „Herrgottsbscheißerle" genannt wurden. Wegen ihrer Nähe zum Unterleib waren die Motive der Miserikordien nicht mit religiösen Motiven, sondern mit drastischen, teils sogar obszönen Szenen gestaltet.

Den Ruf und den Ruhm des Ulmer Chorgestühls – eines der bedeutendsten Deutschlands – begründeten insbesondere die Wangenbüsten Michel Erharts, der der Schöpfer der Büsten an der Frauenseite (entlang der Südwand des Chors) wie an die Männerseite (an der Nordwand) gewesen sein dürfte. Die Frauenseite zeigt – von Westen nach Osten – die Persische Sibylle als Einzelbüste, nachfolgend paarweise zugeordnet die

A B

1 2

3 4

5 6

7 8

Linke Seite: Am Dreisitz sieht man die **A** *Samische Sibylle und die* **B** *Erythräische Sibylle. Die Frauenreihe des Chorgestühls zeigt (von West nach Ost) die* **1** *Persische,* **2** *Delphische und* **3** *Libysche,* **4** *Hellespontische und* **5** *Tiburtinische,* **6** *Cumanische und* **7** *Cimmerische sowie* **8** *Phrygische Sibylle.*

Rechte Seite: Die Büsten der Männerreihe verkörpern **1** *Vergil,* **2** *Secundus und* **3** *Quintilian,* **4** *Seneca und* **5** *Ptolemäus,* **6** *Terenz und* **7** *Cicero sowie* **8** *Pythagoras (am Chorgestühl von West nach Ost).*

Delphische und die Libysche Sibylle, die Hellespontische und die Tiburtinische Sibylle, danach die Sibyllen von Cumanae und Cimmeria sowie als Abschluss an der Ostseite die Einzelbüste der Phrygischen Sibylle.

Acht Büsten auf der Männerseite verkörpern römische und griechische Philosophen, Dichter und Redner. Die westliche Einzelbüste des Vergil wird fälschlicherweise auch als Selbstdarstellung Jörg Syrlins beschrieben, dessen Auge wohlgefällig auf der Libyschen Sibylle ruhe, der die Tochter eines Nachbarn das Gesicht geliehen habe. Abgesehen von solchen Legenden ist es nicht unwahrscheinlich, dass Ulmer Männer und Frauen Vorbilder für die Gesichter der Büsten stellten. Humanistisch gebildete Ulmer waren sicherlich an der Wahl der Motive für das Chorgestühl beteiligt.

Das westlichste Paar auf der Männerseite stellt zwei Römer, den Philosophen Secundus und den Rhetoriker Quintilian, dar. Besonders prominent ist das östlich folgende Paar: Es zeigt den römischen Philosophen Seneca und den griechischen Geografen, Mathematiker und Astronomen Ptolemäus. Der von seinem Schüler Nero in den Tod getriebene Seneca hält einen Haken an die Adern seiner linken Hand – die wohl einzigartige Darstellung eines Selbstmords in einer Kirche. Ihm gegenübergestellt ist der glücklich lächelnde Ptolemäus, der ein Erdmodell mit Längen- und Breitengraden hält. Ihnen folgt das Büstenpaar des Komödiendichters Terenz und des römischen Schriftstellers, Philosophs und berühmten Redners Cicero. Besonders markant ist die letzte Büste dieser Reihe: Sie verkörpert den griechischen Philosophen, Mathematiker und Musiktheoretiker Pythagoras, der – ganz in sich gekehrt – dem eigenen Lautenspiel lauscht.

Sogar vor den Büsten des Chorgestühls machte übrigens der Bildersturm von 1531 nicht Halt – Hände und Nasen wurden verstümmelt. Im 17. Jahrhundert hat man diese Meisterwerke der Ulmer Schnitzkunst restauriert. Ursprünglich gehörte der von Syrlin und Erhart gestaltete Hochaltar zum Chorensemble. Er wurde zerschlagen, seit 1808 ersetzt ihn der **Hutzaltar**.

Benannt ist der Altar nach dem Ulmer Apotheker Lukas Hutz, der das auf 1521 datierte Werk für die westliche Turmhalle

Der Hutzaltar im Chor veranschaulicht den Übergang von der Gotik zur Renaissance: Der Altaraufbau ist noch der Spätgotik verhaftet, die Altarflügel und das Gemälde der Predella wurden bereits im neuen Stil aus Italien gestaltet.

gestiftet hatte. Die Stifterfamilie ließ sich in vier Schnitzfiguren des Altars verewigen – als Schwester Marias und ihre drei Ehemänner. Der noch gotische Altar Niklaus Weckmanns und die drei bereits von der Renaissance geprägten Altargemälde des Ulmers Martin Schaffner verbinden den alten mit dem neuen Stil. Die Predellatafel unter der noch von der Spätgotik geprägten Schnitzfigurengruppe zitiert das Abendmahlfresko Leonardo da Vincis in Santa Maria delle Grazie in Mailand. Schaffner war der erste Maler, der dieses Motiv in eine Kirche nördlich der Alpen brachte.

Sechs **mittelalterliche Kirchenfenster** im Chor sind, allerdings nach ersten Reparaturen schon im Jahr 1449 und nach einigen späteren Restaurierungen (die letzte in jüngster Zeit), erhalten geblieben. Diese Chorfenster sind Stiftungen des Rats und der Ulmer Zünfte. Sie zählen zu den bedeutendsten Glasmalereizyklen des Spätmittelalters. Das zentrale Ratsfenster in der Chorstirn ist relativ „jung": 1480 wurde es von Peter Hemmel von Andlau (um 1420 – um 1501) geschaffen. Es zeigt über den Wappen des Reichs und der Reichsstadt die Kirchenpatrone Antonius, Vinzenz und Martin sowie österliche

Im Münster findet man einen der bedeutendsten mittelalterlichen Glasmalereizyklen. Das Marner-fenster im nördlichen Seitenschiff (oben) schuf Hans Acker 1408. Peter Hemmel von Andlau ge-staltete 1480 das Ratsfenster (rechte Seite, oben) sowie das Kramerfenster im Chor (rechts unten).

*Das Annen-Marien-Fenster (rechts, Detail) ent-
stand nach 1385. Es ist die älteste Glasmalerei
im Münster. Wie das Freuden-Mariens-Fenster
von 1410 (links) schuf es der Ulmer Jakob Acker.*

Motive. Der auferstandene, segnende Christus ist im roten
Königsmantel dargestellt. Das links (nördlich) an das Ratsfenster angrenzende Kramerfenster von 1480 ist gleichfalls
ein Werk des Straßburgers Peter Hemmel: Über zwei Engeln
mit dem Kronenwappen der Kramerzunft und der Wurzel
Jesse sieht man im Fenster Szenen aus dem Marienleben.

Die ältesten Glasmalereien findet man im Fenster rechts des
zentralen Ratsfensters: Das Annen-Marien-Fenster wurde nach
1385 vermutlich von der Werkstatt des Ulmer Meisters Jakob
Acker d. Ä. (seine Lebensdaten sind nicht bekannt) gefertigt.
Seine Glasmalereien stellen Szenen aus dem Leben Mariens
sowie Geburt und Kindheit Jesu dar. Die Zunft der Weber hat
dieses Fenster gestiftet.

Vermutlich ebenfalls aus der Werkstatt Jakob Ackers stammen
die zwei südlich angrenzenden Fenster: Das Freuden-Mariens-
Fenster entstand im Jahr 1410, das südwestlich anschließende
Medaillonfenster zehn Jahre später. Das nördlich des Kramer-
fensters anschließende Johannesfenster stellt die Geschichte
Johannes des Täufers sowie des Evangelisten Johannes dar.
Drei moderne Fenster im Chor von Hans Gottfried von Stock-
hausen (1920–2010) wurden 1955/56 als Ersatz für im Krieg

Im nordseitigen der beiden südlichen Seitenschiffe steht der gotische Taufstein. Im Hintergrund ist das Weihwasserbecken zu erkennen.

zerstörte mittelalterliche Fenster eingebaut. Durch weitere 25 zumeist moderne Kirchenfenster fällt Licht ins Ulmer Münster. Mittelalterlich ist das Marnerfenster im Ostteil des nördlichen Seitenschiffs: 1408 wurde es von Hans Acker (um 1380 – 1461, wohl ein Verwandter Jakob Ackers d. Ä.) geschaffen.

In den beiden südlichen Seitenschiffen stößt man auf mehrere nennenswerte Sehenswürdigkeiten. Beim (von Osten gezählt) zweiten Rundpfeiler steht der **Taufstein** von 1474. Unter dem kunstvollen, von einem Pelikan bekrönten Zierdach wirkt er beinahe wie ein kleines Haus. Das Taufbecken tragen vier Löwen. Auf allen acht Seiten des Steins sind Gestalten des Alten Testaments eingemeißelt, jede hält ein Band mit einem Spruch zum Wasser. Darüber erhebt sich der Ansatz eines unvollendeten Turms, der ursprünglich weitaus höher in das Gewölbe des Seitenschiffs hineinragen sollte.

Gemeinsam mit dem (von Osten gezählt) ersten Rundpfeiler wurde 1507 das spätgotische **Weihwasserbecken** aufgestellt. Um die Schale rankt sich filigran gemeißeltes steinernes Laubwerk. Seit Ulm 1530 die Reformation einführte, steht dieses Becken leer. An der Ostwand im südlichsten Seitenschiff, wenige Schritte neben dem Weihwasserbecken, ist die sogenannte **Kargnische** eingelassen. Hier stand ein Wand-

Prunkvoll geschnitzte und farbig gefasste Toten-
schilde Ulmer Patrizier hängen unter anderem
an der Ostwand der zwei südlichen Seitenschiffe.

altar, den Hans Multscher 1433 für die Ulmer Patrizierfamilie
Karg gefertigt hatte. Er stellte Maria dar, der Engel die Geburt
Jesu verkünden. Diese Steinfiguren gingen im reformatori-
schen Bildersturm verloren. An die vergangene Schönheit des
Wandaltars erinnern noch golden schimmernde Engelsflügel
und ein scheinbar leichtes, wie hingeworfenes, jedoch aus
Stein gehauenes Tuch.

An derselben Wand sieht man etliche hölzerne und farbig gefasste **Totenschilde**. Mehr als hundert dieser Schilde hängen
an weiteren Wänden und an den Pfeilern. Während für die
ältesten Schilde längliche Holztafeln bemalt wurden, schnitzte
man sie im Lauf der Zeit immer prunkvoller. Die Familien- und

*Eine gotische Freskenreihe in der südlichen Vor-
halle zeigt die Legende der heiligen Katharina.*

Allianzwappen sowie die darunter angebrachten Inschriften
erinnern an verstorbene Angehörige Ulmer Patrizierfamilien.

Am westlichen Ende des südlichen Seitenschiffs hat man den
sogenannten **Parlerstein** in die Südwand eingelassen: Dieses
Grabdenkmal hat man 1898 bei Erdarbeiten am Nordost-
portal gefunden. Das Kreuz auf diesem Stein fußt auf dem
Meisterzeichen der Baumeisterfamilie Parler, einem Schild mit
Winkelhaken. Beiderseits dieses Kreuzes ist je ein Steinmetz-
hammer zu sehen. Die Parler stellten zwischen 1377 und 1391
die ersten drei Münsterbaumeister: Für welchen das Grabmal
geschaffen wurde, ist nicht mehr bekannt.

Direkt neben dem Parlerstein steht der **Ulmer Spatz** unter
einem Glassturz. Diese knapp ein Meter hohe Sandsteinfigur –
heute ein Wahrzeichen Ulms – saß früher hoch oben auf dem
Münsterdach.

In der südwestlichen Vorhalle liegt ein **jüdischer Grabstein**.
Seine Inschrift entstand im 14. Jahrhundert, doch schon 1377
wurde der Stein für den verstorbenen ersten Münsterpfleger
umgenutzt, wie die zweite, rückseitig eingehauene Inschrift
festhält. Als Grundstein des Münsters hatte man ebenfalls

*Hebräische Schriftzeichen auf einem jüdischen
Grabstein aus dem 14. Jahrhundert: Er wurde für
den ersten Pfleger des Münsters zweitverwendet.*

einen jüdischen Grabstein umgewidmet. Was für Juden die
Schändung der Totenruhe bedeutete, symbolisierte für mittelalterliche Christen den Sieg ihres Glaubens.

An der Wand der südlichen Seitenhalle sieht man die Relikte
eines gotischen Freskos. Sechs Szenen in einer Reihe von Bild-
feldern stellen die **Legende der heiligen Katharina** dar.
Diese Malerei ist mit der Jahreszahl 1456 datiert.

Hinter dem (verschlossenen) Westportal liegt die Turmhalle.
In ihrer Mitte sind Steinplatten sternförmig in den Boden ein-
gebracht. Wer sich mitten in den dadurch gebildeten Kreis
stellt, steht exakt unter der Spitze des höchsten Kirchturms der
Welt – und damit unter einem Gewicht von mehr als 50 000
Tonnen. An den Innenwänden der Turmhalle erinnern Fahnen
und Regimentsschilde daran, dass Ulm im 19. Jahrhundert
Garnisonsstadt war. Im Bogen zwischen der Turmhalle und
dem Mittelschiff hängt die sechs Meter hohe **Bronzefigur
des Erzengels Michael**. Sie wurde 1923 als Kriegerdenkmal
für die Gefallenen des Ersten Weltkriegs – damals noch mit
gesenktem Schwert – entworfen. Doch als der Erzengel 1934
schließlich angebracht wurde, setzte die NSDAP durch, dass
er sein Schwert drohend nach oben hielt.

Der Parlerstein an der Südwand des südlichen Seitenschiffs ist das Grabdenkmal eines der ersten drei Münsterbaumeister: Sie waren jeweils Angehörige der Baumeisterfamilie Parler.

Über der Turmhalle liegt die Orgelempore mit der **Hauptorgel** des Münsters. Sie wurde 1969 gebaut. Gespielt wird auf fünf Manualen und Pedalen. Mit annähernd 9000 Orgelpfeifen zählt das Instrument zu den größten Orgeln Mitteleuropas. Außer auf der Hauptorgel wird im Ulmer Münster zu diversen Anlässen auch noch auf vier weiteren Instrumenten musiziert.

Tipps zum Besuch des Ulmer Münsters

· **Öffnungszeiten:** Das Ulmer Münster ist täglich ab 9 Uhr geöffnet. Je nach Jahreszeit wird zwischen 16.45 Uhr (im Winter) und 19.45 Uhr (im Hochsommer) geschlossen.

· **Turmbesteigung:** Turmbesteigungen sind jeweils bis eine Stunde vor Schließung des Münsters möglich. Eintrittskarten für den Turm erhält man an der Kasse beim Eingang zum Münster.

· **Münsterführungen:** Die Evangelische Münstergemeinde Ulm gibt mit „speziellen Führungen" Einblick in verborgene Kunstschätze – auch hinter sonst verschlossenen Türen. Karten kann man an der Pforte des Münsters reservieren (Telefon 07 31/9 67 50 23). Mehr zu diesen, aber auch „kleinen" und „meditativen" Führungen, zu Führungen für Jugendliche und kirchliche Gruppen findet man im Web (www.ulmer-muenster.de). Auch die Ulm/Neu-Ulm Touristik bietet Münsterführungen an (Telefon 07 31/1 61 28-30). Mehr zu solchen Führungen: www.tourismus.ulm.de.

· **Orgel hören:** In der Urlaubssaison wird dienstags bis samstags ab 12 Uhr das Orgelkonzert zum Mittag gespielt. An Sonntagen beginnt das Konzert um 11.30 Uhr. Zu Sonderkonzerten und zum Programm informiert der Veranstaltungskalender des Münsters.

Zwei Seitenkapellen im Münster – in der Bessererkapelle schwimmt die Arche Noah

Eigentlich gehören auch die Seitenkapellen des Ulmer Münsters zur Beschreibung des Kircheninneren. Der besseren Übersichtlichkeit halber widmet dieser Führer der Bessererkapelle und der Neithartkapelle ein eigenes Kapitel. In der Bessererkapelle stößt man auf Fenster mit mittelalterlichen Glasmalereien. Das Fenster des Chörleins stellt die Heilsgeschichte dar: Eine der 40 Scheiben zeigt die Arche Noah mit einem ulmischen „Ausguckerhürli".

Vom Chor des Münsters aus erreicht man durch eine schmale Lücke im südlichen Chorgestühl die **Bessererkapelle**. Der 1414 verstorbene Patrizier Heinrich Besserer stiftete die rechteckige Privatkapelle, die an die Ostseite des südlichen Chorflankenturms angebaut wurde. Das Familienwappen – ein Deckelbecher – und das Todesjahr des Stifters sieht man über dem Portal. Das **Grabdenkmal Heinrich Besserers**, ein Rot-

Bild oben: 40 Glasmalereien in den Fenstern des Ulmer Meisters Hans Acker in der Bessererkapelle erzählten leseunkundigen Ulmern einst als farbenfrohe „Bilderbibel" die Heilsgeschichte.

Die Bessererkapelle war die Grabkapelle einer Ulmer Patrizierfamilie. Grabsteine, ein bemaltes Epitaph und eine Stammtafel erinnern an sie.

marmorstein, ist in die Südwand eingelassen. An die Besserer erinnern zudem Grabdenkmäler aus der Zeit zwischen dem 15. und 18. Jahrhundert, ein gemaltes Epitaph (entstanden um 1560) ist Familienangehörigen gewidmet. An der West-wand hängt ein Stammbaum der Besserer aus der Zeit von

In der Bessererkapelle hängt das um 1490 vom Ulmer Meister Michel Erhart geschaffene Kruzifix.

*Papst und Kaiser, geistliche und weltliche Fürsten
bildet diese Glasscheibe im Weltgerichtsfenster
in der Südwand der Bessererkapelle ab.*

1510 bis 1561. An der Südwand dieser Grabkapelle wurde
ein **Kruzifix** aus der Werkstatt des Ulmer Bildhauers Michel
Erhart angebracht. Die Fassung dieses Kreuzes ist noch heute
original und in bestem Zustand erhalten.

Höhepunkte der Bessererkapelle sind freilich die Glasmalereien
der Fenster: Herausragend ist ein **Glasmalereizyklus** Hans

*Eine der Glasmalereien in der
Bessererkapelle zeigt Noah und
seine Arche, deren Ausguck
ein für die Ulmer Bürgerhäuser
typisches „Ausguckerhürli"
darstellt. Diesen kaminartigen
Aufsatz auf den Dachgiebeln
alter Fachwerkhäuser entdeckt
man etliche Male bei einem
Spaziergang durch die Altstadt.*

Drastische Warnung vor Sünden: Im Weltgerichtsfenster der Bessererkapelle schleppt ein lachender Teufel die Verdammten in den Rachen der Hölle.

Ackers (um 1380 – 1461). Er war vermutlich ein Verwandter Jakob Ackers, der die ältesten Fenster im Münsterchor (das Anna-Marien-Fenster und das Fenster der beiden Johannes) gestaltet hatte. Meister Hans schuf für die fünf Fenster des Chörleins in der Bessererkapelle je acht Scheiben mit Motiven der biblischen Schöpfungsgeschichte. Die 40 Scheiben waren nicht zuletzt eine „Bilderbibel" für die vielen Ulmer jener Zeit,

Zwei Einzelscheiben im Fenster an der Ostseite der Bessererkapelle entstanden um 1480. Sie stammen aus der Werkstatt des um 1420 geborenen Peter Hemmel von Andlau. Der bedeutende Straßburger Meister schuf für das Ulmer Münster zudem das Ratsfenster sowie das Kramerfenster im Chor.

die des Lesens nicht mächtig waren. Die Fenster wurden seit dem Mittelalter immer wieder renoviert. Hans Gottfried von Stockhausen schuf 1960 sechs verlorengegangene Scheiben in den beiden nördlichen Fenstern neu.

Das Südfenster der Grabkapelle ist ebenfalls ein Werk Hans Ackers und stellt Szenen des Jüngsten Gerichts dar. Acker wiederholte für das **_Gerichtsfenster_** Motive, wie sie auch am Gerichtsportal, dem um 1380 entstandenen Ostportal an der Südseite der Kirche, zu finden sind. Auch seine Glasmalerei stellt einen Teufel dar, der die Verdammten in den lodernden Höllenschlund zerrt.

Überaus erwähnenswert sind zudem zwei Einzelscheiben des Fensters an der Ostseite der Bessererkapelle. Die rechteckigen Motive über einigen Wappenscheiben stammen aus der Straßburger Werkstatt Peter Hemmels von Andlau. Seine Arbeiten sind für die Jahre zwischen 1447 und 1501 nachzuweisen: Dieser Meister gestaltete Glasmalereien für Kirchenfenster zwischen Metz und Salzburg. Mit dem um 1420 geborenen

Ab 1444 entstand die Neithartkapelle im nörd-
lichen Flankenturm des Münsterchors. Benannt
ist diese Grabkapelle nach der Stifterfamilie.

Um das Jahr 1450 wurde diese Glasmalerei in der Neithartkapelle geschaffen: Sie stellt den heiligen Hieronymus mit seinem Löwen dar.

Peter Hemmel – er schuf auch das Rats- und das Kramerfenster im Münsterchor – erreichte die Glasmalerei einen künstlerischen und technischen Höhepunkt.

Der Eingang zur **Neithartkapelle** liegt links (nördlich) des Sakramentshauses. Pfarrer Heinrich Neithart stiftete die von 1444 bis 1450 erbaute, nach ihm benannte Kapelle im nordseitigen Chorflankenturm. Dieser Bau wurde später um zwei unregelmäßig rechteckige Räume in Richtung Osten erweitert.

An die Familie Neithart erinnert hier der Wappenstein über dem Eingangsbogen, Wappen an den Nebenschlusssteinen sowie steinerne und auf Holz gemalte Epitaphe. Die Glasmalerei eines Fensters in der Nordwand zeigt den heiligen **Georg im Drachenkampf**: Das Motiv wurde um 1440 von Hans Acker geschaffen. Eine zweite, um 1450 entstandene Glasmalerei stellt **Hieronymus im Gehäuse** dar.

In der Neithartkapelle sieht man zudem mehrere Arbeiten von Ulmer Holzbildhauern. Ein herausragendes Werk der Ulmer Schule ist der 1492 geschnitzte **Sebastiansaltar** von Niklaus Weckmann. Dieses Meisterwerk ist der letzte erhaltene von

Die Madonna, gerahmt von den Aposteln Petrus, Paulus und Andreas und fünf weiteren Heiligen im Altarschrein in der Neithartkapelle.

einst acht Sebastiansaltären des Münsters. Die Figur des Gemarterten steht zwischen den Heiligen Hieronymus und Valentin. Daneben ist der **Barbaraaltar** (um 1520) aufgestellt. Die Schnitzfigur der Heiligen rahmen die Heiligen Augustinus und Agnes. 1491 entstand ein **Altarschrein** mit geschnitzten Standfiguren unter dem Fenster der Ostwand: Die Madonna auf der Mondsichel steht im Zentrum. Links von ihr sind die

Um das Jahr 1520 entstand der in der Neithart-kapelle aufgestellte spätgotische Barbaraaltar.

Ein Fenster der Neithartkapelle zeigt den heiligen Georg im Drachenkampf. Die Glasmalerei schuf der Ulmer Hans Acker um 1440. 1492 schnitzte Niklaus Weckmann den dortigen Sebastiansaltar.

drei Apostel Petrus, Paulus und Andreas sowie der Märtyrer Stephanus zu erkennen. Rechts der Muttergottes stehen die Figuren der Helena und Maria Magdalena sowie (außen) die der Märtyrer Afra und Laurentius. In der Neithartkapelle sind überdies vier Tafeln der Außenflügel eines großen Altars, der in der im Zweiten Weltkrieg zerstörten Ulmer Wengenkirche stand, sehenswert. Sie wurden um 1490/95 in der Werkstatt des Ulmers Bartholomäus Zeitblom (um 1455 – um 1518) gemalt. Zeitblom war ein bedeutender Meister der südwestdeutschen Spätgotik und ein Hauptmeister der Ulmer Schule.

Mit Ausnahme sonntäglicher Frühgottesdienste im Winter (um 8 Uhr) ist die dritte Seitenkapelle, die **Konrad-Sam-Kapelle**, nicht öffentlich zugänglich. Diese Kapelle, früher die Sakristei des Münsters, liegt im südlichen Chorflankenturm. Benannt ist sie nach dem protestantischen Theologen Konrad Sam (um 1483 – 1533): Er predigte ab 1524 in Ulm und war maßgeblich an der Einführung der Reformation in der Reichsstadt beteiligt. Die Konrad-Sam-Kapelle beherbergt unter anderem drei weitere Altartafeln aus der zerstörten Wengenkirche sowie den Schonaugaueraltar, ein Hausaltärchen von 1484.

768 Stufen auf den Turm des Ulmer Münsters bis zum Blick auf die Alpen

Über 768 Stufen geht es 141 Meter hinauf zur obersten Aussichts-plattform auf dem Westturm des Münsters. Der Rundblick auf die Donau, auf Ulm und das benachbarte Neu-Ulm lohnt den langen Aufstieg. Bei klarer Sicht lockt sogar die Aussicht auf die Alpen zwischen der Zugspitze und dem Ostschweizer Säntis.

Das Erlebnis eines Aufstiegs im Westturm des Münsters lassen sich jährlich weit mehr als 100 000 Menschen nicht entgehen. Das ist immerhin rund ein Viertel der jährlich annähernd 450 000 Besucher, die diese Kirche besichtigen.

Zur schmalen Wendeltreppe im Westturm kommt man vom Eingang in der südlichen Vorhalle des Münsters aus, wo man zuvor eine Karte für den Turmaufstieg lösen muss. Je nach körperlicher Fitness sollte man für den Aufstieg zur obersten Aussichtsplattform eine halbe bis dreiviertel Stunde einplanen. Immer wieder verführen kleine Fenster an der gewendelten

Bild oben: Als man den Münsterturm 1890 vollendete, wurde er so gebaut, dass er fast bis zur Turmspitze zu begehen ist.

Die oberste Aussichtsplattform des Münsterturms erlaubt den weiten Blick über die Stadt Ulm, die Donau und das benachbarte Neu-Ulm.

Treppe mit ihrer jeweiligen Aussicht zum Atemholen. Der Weg nach oben ist schließlich ebenso steil wie schmal: Beim Überholen langsamerer Mitmenschen kann es schon mal richtig eng werden. Immerhin: Als der Turm 1890 vollendet wurde, hat man schon mit vielen Besuchern gerechnet. Entgegen kommt einem hier niemand, denn bis zur dritten Plattform

Die Aussicht von der untersten von vier Aussichtsplattformen auf dem Ulmer Münsterturm: Schon von dort aus wirken die Menschengruppen um den Löwenbrunnen ziemlich klein – dabei geht es zur höchstgelegenen Aussichtsplattform noch einmal 70 Meter weiter hinauf.

Die zweite Aussichtsplattform (links) ermöglicht einen Rundgang mit Blick über ganz Ulm. Rechts: Ausguck (fast) von der Spitze des Münsterturms.

führt je eine Treppe auf den Turm hinauf und eine zweite hinunter. Nach wenigen Minuten ist die erste **Aussichtsplattform** des Turms erreicht: Eine schmale Galerie ermöglicht den Blick vorbei an Wasserspeiern auf den Münsterplatz.

Auf 70 Metern Höhe folgt die **Vierecksgalerie**. Sie führt um den ganzen Münsterturm. Auf dieser Ebene bietet ein Raum mit Sitzbänken die Gelegenheit zur Verschnaufpause und zum Blick auf eine Mini-Ausstellung mit den Bildern bedeutender Kathedralen. In der Mitte des Raums ermöglichen vier kleine Fenster einen Blick auf die darunterhängenden Glocken. Vom Münsterturm läuten zehn Glocken, drei weitere werden nicht mehr genutzt. Die prominenteste Glocke ist die älteste: Sie wurde vor der Grundsteinlegung des Münsters gegossen und hing vor den Stadtmauern in der „Kirche über Feld". Sie wird heute nur an den Schwörmontagen und von Hand geläutet. Auch die Landfeuerglocke stammt aus dem 14. Jahrhundert und aus der Vorgängerkirche des Münsters. Die Große Betglocke entstand immerhin auch schon 1454.

Die dritte Plattform – 102 Meter hoch – wird nach gefühlt unendlich vielen Stufen erreicht. Im dortigen **Oktogon** ist

Nach der dritten Plattform folgt die letzte Etappe des Aufstiegs: Eine enge Wendeltreppe führt in der Turmspitze weiter nach oben.

noch nicht Schluss: In der **Turmspitze** geht es noch einmal fast 40 Meter weiter hinauf. Dabei kann es ziemlich eng zugehen, denn ab hier ist mangels einer zweiten Treppe mit entgegenkommenden Turmbesuchern zu rechnen. Durch etliche Fenster und ganz oben ist die spektakuläre Aussicht auf die Dächer und Straßenzüge von Ulm und Neu-Ulm, auf die Donau und auf den Ulmer Winkel der Lohn der Mühen.

Das Ulmer Rathaus: Kaiser Karl, ein König, die Kurfürsten und die astronomische Uhr

Das gotische Rathaus gehört zu den größten Sehenswürdigkeiten des alten Ulm. Seine Fassade ist ein Bilderbogen, der Episoden der deutschen und der Ulmer Geschichte beleuchtet. Ein steinerner Figurenzyklus erinnert an die diplomatischen Verwicklungen einer Kaiserwahl im 15. Jahrhundert. Die astronomische Uhr des Ulmer Rathauses wurde im 16. Jahrhundert als Sensation gepriesen.

Das Ulmer Rathaus zählt zu den prachtvollsten Deutschlands. Seine Entstehung lässt sich bis in das 14. Jahrhundert zurückverfolgen. Der älteste Teil des Baukomplexes, der Nordtrakt, wurde 1357 zunächst als „Gewandhaus", ab 1362 als „Kaufhaus" bezeichnet. Er wurde im Jahr 1540 abgebrochen und neu erbaut: Die Kellergewölbe des ursprünglichen Nordtrakts sind erhalten.

Der Ostflügel des Komplexes entstand in den Jahren 1370/71 und wurde „neues Kaufhaus" genannt. Noch immer hatten hier also Kaufleute das Sagen. Es dauerte bis 1383, ehe der

*Bild oben: Prunkfenster und Fassadenbemalung
machen das Rathaus zum „Geschichtsbilderbuch".*

Der Blick vom Turm des Münsters auf die drei Trakte des Rathauses: Der Nordtrakt (vorn) ist der älteste. Der ab 1898 errichtete Westflügel (rechts) ist das jüngste der drei Gebäude.

Bau erstmals als „Gerichtshaus" bezeichnet wurde. „Rathaus" wurde der Komplex erst ab 1419 genannt: Schon seit 1395 hatte der Rat der Reichsstadt hier in einer Ratsstube getagt. Bis dahin hatte sich der Ulmer Rat im (1878 abgebrochenen) Barfüßerkloster auf dem heutigen Münsterplatz versammelt. Das einstige Kaufhaus war zum weltlichen Mittelpunkt der Stadt geworden, wo die Ulmer seit 1473 den Kaisern huldigten. Aus- und Umbauten wurden 1540 sowie von 1576 bis 1578 vorgenommen. Zwischen 1898 und 1905 wurde an den Hauptgiebel des gotischen Rathauses der heutige Westflügel mit seinen beiden verschieden großen Giebeln angebaut. Nach den Zerstörungen im Zweiten Weltkrieg erfolgte von 1949 bis 1951 der teilweise Wiederaufbau, von 1986 bis 1989 der letzte Umbau und die Sanierung.

Als farbenfroher „Bilderbogen" der Stadt- und Reichsgeschichte präsentiert sich das Ulmer Rathaus vor allem an seiner Ostseite und am Südgiebel. Für diese beiden Fassaden leisteten sich die Ulmer 1420 den Einbau von fünf Prunkfenstern. Dahinter lag der neue große Ratssaal der Reichsstadt. Die **Prunkfenster am Südgiebel** zieren sechs bemalte Steinfiguren: Sie zeigen sechs der sieben deutschen Kur-

Das Südfenster des Ratssaals zieren steinerne Figuren des Markgrafen von Brandenburg, des Herzogs von Sachsen, des Pfalzgrafen bei Rhein …

fürsten. Wohl wenigstens zwei unbekannte Meister schufen die drei weltlichen Kurfürsten am westlichen Fenster und die drei kirchlichen am östlichen Fenster. Sie stellen (von Westen) den Markgraf von Brandenburg, den Herzog von Sachsen und den Pfalzgrafen bei Rhein sowie die Erzbischöfe von Köln, Trier und Mainz – jeweils über ihren Wappen stehend – dar.

… sowie der Erzbischöfe von Köln, Trier und Mainz. Sie wurden vermutlich von wenigstens zwei verschiedenen Meistern geschaffen.

Die **Fenster an der Ostseite des Rathauses** stellten den Ulmer Rat vor diplomatische Probleme, denn die Prunkfenster wurden zwischen 1419 und 1430 konzipiert: Damals war das Reich vorübergehend kaiserlos. Zwar war abzusehen, dass der siebte Kurfürst, Sigismund von Luxemburg, seit 1387 (durch Heirat) König von Ungarn und als Erbe seines Bruders Wenzel

Vermutlich Hans Multscher schuf um 1430 den Zyklus am östlichen Fenster des Ratssaals. Die zentrale Figur des Kaisers Karl des Großen (linke Seite rechts) flankieren zwei Knappen. Sigismund von Luxemburg – Kaiser ab 1433 – ließen die Ulmer einmal als König von Ungarn (linke Seite links) und ein zweites Mal als König von Böhmen (ganz rechts) darstellen.

*Hinter dem Prunkfenster an der östlichen Rat-
hausfassade (Bild) und am Südgiebel lag der neue
große Ratssaal. Er wurde benötigt, weil der Ulmer
Rat als Folge des Großen Schwörbriefs von 1397
von 32 auf 72 Mitglieder angewachsen war.*

seit 1419 auch König von Böhmen, der nächste Kaiser werden
würde. Sigismund war 1411 zum römisch-deutschen König
gewählt worden und damit für die Kaiserkrone prädestiniert.
Der Papst hatte ihn allerdings noch nicht gekrönt, und die
Böhmen weigerten sich nach der Ermordung des Reformators
Jan Hus in Konstanz im Jahr 1415, den dafür mitverantwort-
lichen Sigismund als ihren König anzuerkennen. 1419 begann
der erste Hussitenkrieg. Um politischen Peinlichkeiten zu entgehen, beschlossen die Ratsherrn, Sigismund am Prunkfenster
zweimal darzustellen – südlich als König von Ungarn, nördlich
als König von Böhmen. Als Stellvertreter des Kaisers in spe
wurde Karl der Große als Zentralfigur in die Konzeption des
Ostfensters integriert. Diese unumstrittene Herrschergestalt
flankieren zwei Schildknappen. Zum Kaiser wurde Sigismund
schließlich im Jahr 1433 gekrönt.

Die Steinfiguren am östlichen Prunkfenster schuf vermutlich
Hans Multscher, den der Ulmer Rat 1427 als Stadtwerkmeister
berufen hatte. Dass mit dem gebürtigen Allgäuer eine neue
Epoche der Ulmer Kunst anbrach, zeigt der Vergleich seiner

Neun alttestamentarische Motive mit Inschriften zieren die Ostfassade des Rathauses. Die Wandgemälde entstanden ursprünglich 1540.

Schöpfungen mit den teilweise sichtbar einfacher ausgeführten Sandsteinfiguren am Südgiebel. Die Originale der Figuren entdeckt man heute im benachbarten Ulmer Museum.

Humorvolle Steinmetzarbeit am Ulmer Rathaus: der würgende Wasserspeier an der steinernen Huldigungskanzel vor der Ostfassade.

Die Historienmalerei am Südgiebel des Rathauses zeigt die Rückkehr der siegreichen Ulmer nach der Vertreibung kaiserlicher Truppen im Jahr 1376.

An der Südostecke des Rathauses ist ein zierliches, reich bemaltes **Ecktürmchen** angebaut. In dem (früher noch ein Stück höheren) Turm sollen der Legende nach jene Ulmer Ratsherrn eingesperrt worden sein, die gegen ihre Pflicht zur Verschwiegenheit verstoßen hatten.

Zahlreiche **Wandgemälde** zieren die Ostfassade, den Südgiebel und die arkadengesäumte Nordseite des Rathauses. Den Wandgemäldezyklus an der Ost- und Nordseite des Rathauses schuf 1540 der Ulmer Meister Martin Schaffner. Die bunten Malereien an der Ostfassade zeigen unter anderem neun Motive aus dem Alten Testament: Inschriften und Reime verweisen auf die Motive „Göttliche Weisheit", „Selbsterkenntnis", „Gerechtigkeit", „Geduld", die christlichen Haupttugenden „Liebe", „Hoffnung" und „Glaube" sowie auf die Themen „heimlicher Neid" und „kindischer Rat". Vier Malereien über dem Arkadengang an der Nordfassade stellen (neben weiteren Bildern) Szenen zu den Motiven „Kriegsehrbarkeit" und „männliche Kühnheit", Gerechtigkeit" und „Gehorsam" dar. Die weitgehend abgeblasste, teilweise verlorengegangene Bemalung wurde zwischen den Jahren 1899 und 1903 erneuert beziehungsweise nachempfunden. Diese Fassadenmalereien wurden zuletzt 1973 ausgebessert.

1905 entstanden neue Fassadenmalereien am Südgiebel.
Seine ursprüngliche Bemalung ist nicht mehr bekannt. Seitdem ziert die Darstellung einer Ulmer Schachtel mit Schiffleuten den Giebel über dem dortigen Prunkfenster. Beiderseits
des Giebels ziehen sich die Wappen von Ländern und Städten
entlang, mit denen Ulmer Kaufherrn Handel trieben. Unter-
halb des Prunkfensters zeigt eine Historienmalerei den Einzug
der siegreichen Ulmer in ihre zuvor von den Truppen Kaiser
Karls IV. bedrängte Stadt. 1376 waren die Belagerer in die
Flucht geschlagen worden.

Unter der Historienmalerei am Südgiebel verweist ein farbig
gefasster **Gedenkstein** an der östlichen Ecke des Unterge-
schosses auf den Astronomen Johannes Kepler, der 1626 mit
seiner Familie vor finanziellen Schwierigkeiten und religiöser
Bedrängnis aus Linz nach Ulm geflohen war. Dort ließ er die
Rudolphinischen Tafeln drucken, die erstmals genaue astronomische Berechnungen ermöglichten. Johannes Kepler schuf
im Auftrag des Ulmer Rats ein Eichgefäß, das damals übliche

*Seit 1905 schmückt das Gemälde einer Ulmer
Schachtel den Südgiebel des Rathauses. Zahl-
reiche Wappen am Giebel stehen für Länder und
Städte, mit denen Ulmer Kaufherrn handelten.*

Um das Jahr 1520 wurde die astronomische Uhr am Ulmer Rathaus installiert. Sie war damals eine in Deutschland einmalige technische Sensation.

Maßsysteme in einem „Eimermaß" vereinheitlichte. Der „Keplerkessel" ist im benachbarten Ulmer Museum zu sehen.

1474 errichtete man an der Ostfassade des Rathauses die steinerne **Huldigungskanzel**. Über dieser Kanzel, leicht nach Norden versetzt, wurde im südlichen, dem kleineren der bei-

Ein Gedenkstein am Südgiebel des alten gotischen Rathauses erinnert an das Wirken des Astronomen Johannes Kepler in der Donaustadt.

Über einem Portal an der Ost-fassade des Nordtrakts tragen zwei Löwen das Wappen mit dem doppelköpfigen Reichs-adler. Darunter halten sie mit einer Tatze je einen schwarz-weißen Wappenschild der Reichsstadt Ulm.

den Ostgiebel, um 1520 die **astronomische Uhr** eingebaut. Sie zeigt nicht nur die Stunden, sondern auch die Monate und Tierkreiszeichen. Ein langgestreckter Drache, Mond und ein Stern sowie eine fingerzeigende Hand zieren die Zeiger dieser Uhr, die 14 astronomische Funktionen ausfüllt. Die Uhr galt als Wunderwerk, das 1566/67 in einer gedichteten Eloge auf Ulm als deutschlandweit einzigartig bezeichnet wurde. Ihr kompliziertes Räderwerk wurde 1580/81 vom Straßburger Uhrmacher Isaak Habrecht erneuert. Die Mechanik wurde im Zweiten Weltkrieg zerstört und 1952 durch ein modernes Uhrwerk ersetzt.

Das Innere des Rathauses wurde während des Zweiten Welt-kriegs 1944 stark zerstört und brannte großteils aus. Nur das Erdgeschoss und das erste Obergeschoss im Südflügel blieben erhalten. Ende der 1980er-Jahre wurde das Rathausinnere noch einmal grundlegend erneuert. Seit dieser Zeit hängt im Lichthof beim Treppenhaus ein **Nachbau des Hängegleiters von Albrecht Ludwig Berblinger**, der als „Schneider von Ulm" berühmt und sogar literarisch verewigt wurde.

Im Lichthof des Rathauses erinnert der Nachbau eines Hängegleiters an den Ulmer Albrecht Ludwig Berblinger: Der „Schneider von Ulm" war ein früher Flugpionier.

Vor dem Südgiebel des Ulmer Rathauses steht der Fischkasten. Diesen reichsstädtischen Röhrbrunnen schuf die Werkstatt Jörg Syrlins d. Ä.

Beiderseits der drei Südgiebel des Rathauses stößt das alte auf das neue Ulm. Für Letzteres steht die 2004 eingeweihte **Zentralbibliothek**. Auf einer Grundfläche von 28 mal 28 Metern entstand direkt neben dem Westflügel des Rathauses dieser mehr als 36 Meter hohe pyramidenartige Glasbau nach einem Entwurf des Stararchitekten Gottfried Böhm.

Für das alte, reichsstädtische Ulm steht der **Fischkasten** oder auch Syrlinbrunnen genannte Marktbrunnen auf dem Marktplatz. Die Werkstatt des Ulmer Meisters Jörg Syrlin d. Ä. hatte seit 1465 an dem steinernen Brunnen gearbeitet. 1482 ließ sein Sohn Jörg Syrlin d. J. seine Signatur, sein Meisterzeichen und die Jahreszahl 1482 an der bemalten Brunnensäule anbringen. Die Brunnenfiguren schuf wohl ein Subunternehmer Syrlins, der Ulmer Bildhauer und Bildschnitzer Michel Erhart. Drei Geharnischte mit Wappenschild zieren die dreieckige Fialsäule über dem zwölfeckigen Brunnentrog. Die Ritter, sogenannte Wappner, waren in Süddeutschland damals beliebte Brunnenfiguren. Die Originalfiguren dieser Wappner sind im Ulmer Museum zu sehen. Drei aus Bronze gegossene barocke Masken an der Fialsäule dienen bis heute als Wasserspeier. Den Namen erhielt der Fischkasten davon, dass die Ulmer Donaufischer in seinem zwölfeckigen Brunnentrog frisch gefangene, noch lebende Fische anboten.

Vor 1540 entstand der Nordflügel des Rathauses. Der Westflügel (rechts) wurde erst in den Jahren von 1898 bis 1905 errichtet.

Die steinerne Fialsäule des Fischkastenbrunnens zieren drei Geharnischte mit Wappenschilden: hier ein Wappner mit dem Ulmer Schild.

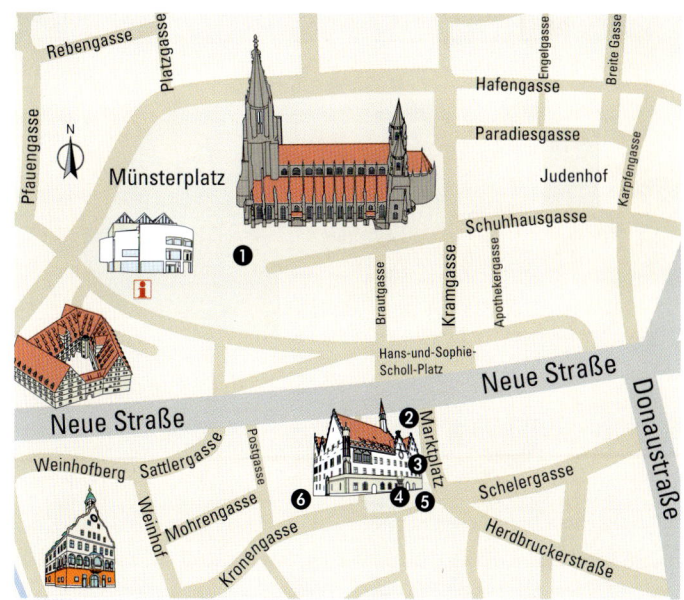

Ihr Weg zu Fuß (nur ein paar Minuten)

Vom zentralen ❶ Münsterplatz ist das Rathaus lediglich zwei bis drei Gehminuten entfernt. Die ❷ Arkaden an der Nordseite des Rathauses liegen direkt an der Neuen Straße. Über den südlich daran angrenzenden Marktplatz kommt man zur ❸ Ostfassade des alten Rathauses (wo der Haupteingang liegt) und am Baukomplex entlang zu den drei ❹ Südgiebeln. Vor dem östlichen dieser südseitigen Giebel steht der gotische ❺ Fischkasten. Die riesige gläserne Pyramide der neuen ❻ Zentralbibliothek liegt direkt vor dem westlichen Rathausanbau an der schmalen Vestgasse.

Tipps zum Rathaus

· **Besichtigung:** Das Innere des Ulmer Rathauses kann man nur zu den behördenüblichen Öffnungszeiten besichtigen.
· **Gastronomie:** Unter dem Kreuzgratgewölbe und zwischen den wuchtigen Säulen im Untergeschoss des Rathauses bewirtet der „Ratskeller" täglich, im Sommer auch im Freien.
· **Übernachtung:** Das „Hotel am Rathaus" (Kronengasse 10) liegt direkt nebenan. Das benachbarte „Hotel Reblaus" (Kronengasse 8) beherbergt im idyllischen Fachwerkbau.
· **Museen:** Ein paar Schritte vom Rathaus entfernt präsentiert das Ulmer Museum (Marktplatz 9) Originalfiguren der Prunkfenster und des Fischkastens sowie den „Keplerkessel" (www.museum.ulm.de).

Das Fischerviertel: Fachwerkidylle an den Kanälen der Kleinen und Großen Blau

Neben dem Münster und dem Rathaus ist das Fischerviertel das dritte „Muss" für alle Besucher Ulms. Jahrhundertealte Fachwerkhäuser an der Kleinen und Großen Blau erinnern an Fischer, Gerber und Müller. Hier entdeckt man das schiefste Hotel der Welt und das Fischerplätzle, den vielleicht schönsten Platz in der Stadt: Dort erinnern das Zunfthaus und das Schöne Haus an jene Schiffleute, die mit den Ulmer Schachteln donauabwärts fuhren.

Das Fischerviertel heißt eigentlich Fischer- und Gerberviertel und wird mitunter auch „Klein-Venedig" genannt. Es liegt zwischen der Neuen Straße sowie der Stadtmauer am heutigen Donauschwabenufer und wird von der Kleinen und der Großen Blau durchzogen. Diese beiden Altstadtkanäle speist das Flüsschen Blau, das nur knapp 15 Kilometer westlich von Ulm entfernt im Blautopf in Blaubeuren entspringt. Die beiden Arme der Blau münden am südlichen Ende des Fischerviertels nach der Donaumauer gemeinsam in die Donau.

*Bild oben: Der Blick von der „Häuslesbruck"
in Richtung Osten auf die beiden von der Blau
gespeisten Altstadtkanäle.*

Zwei mustergültig sanierte Fachwerkhäuser an der Fischergasse.

Die Antriebskraft der Kleinen und Großen Blau war im Mittelalter ein Grund dafür, warum sich Müller in diesem Viertel ansiedelten. Gerber und Färber nutzten den Wasserreichtum für ihr Handwerk. Für die Donaufischer war die Nähe zum Fluss ohnehin eine Notwendigkeit.

Die Fischer- und Handwerkersiedlung entstand wohl nicht zuletzt deshalb an den Blauarmen, weil auf dem angrenzenden Höhenrücken der Weinhof, der älteste Stadtkern von Ulm, liegt. Dort stand die 854 erstmals beurkundete Königspfalz. An den 1612 abgebrochenen Luginsland, den Turm der Pfalz, war das Schwörhäuslein angebaut, bei dem die Ulmer den Eid auf ihre Stadtverfassung ablegten. Nach dem Abriss entstand das repräsentative Schwörhaus: Bis heute spricht der Ulmer Oberbürgermeister jährlich am Schwörmontag auf dem Balkon des nach dem Zweiten Weltkrieg wiederaufgebauten Schwörhauses den Eid von 1345, „Reichen und Armen ein gemeiner Mann zu sein in allen gleichen, gemeinsamen und redlichen Dingen ohne allen Vorbehalt".

Auch die Schiffleute siedelten sich an den beiden Blaukanälen an. Das lag daran, dass die Donau durch den Zufluss der Iller und der Blau ab Ulm schiffbar ist. Zunächst verschifften Ulmer

Bei den Resten der Staufenmauer und direkt gegenüber der Münz (links) wurde an der Blau das heutige Schiefe Haus errichtet.

Fernhändler ihre Waren auf Flößen, ehe im 16. Jahrhundert die ersten Zillen gebaut wurden. Diesen Bootstyp – er war 26 Meter lang und vier Meter breit – verspottete man in Stuttgart als „Ulmer Schachtel". Die in den Stadtfarben mit schwarz-weißen Streifen bemalten Zillen transportierten Güter und Passagiere bis nach Wien und Ungarn.

Das heutige Fischerviertel lag lange außerhalb der Stadtmauer – jener Staufenmauer, deren Buckelquadermauer in der Zeit um 1200/1220 entstanden sein dürfte. Seit 1482 schützte die „mitten im reißenden Wasser der Donau" erbaute Stadtmauer auch das Fischerviertel. Die Fachwerkbauten der Schiffleute, Fischer und Gerber lassen erkennen, dass hier nicht die ärmsten Ulmer lebten. Als der Dominikaner Felix Fabri 1488 jedoch das Fischerviertel beschrieb, ging er nicht nur auf die dortigen „Wohnungen der Fischer der Wassertiere", sondern auch auf die der „Fischerinnen einfältiger Menschen" ein. Damit dürften spätmittelalterliche Ulmer Freudenmädchen gemeint gewesen sein.

Vom Weinhof aus führt der Weg ins Fischerviertel vorbei an der Staufenmauer (rechts) zur Münz. In dem Färberhaus wurde nur wenige Jahre lang Ulmer Geld geprägt.

Mit dem Niedergang des Ulmer Handwerks und der Flussschifffahrt im 19. Jahrhundert, bedingt durch die beginnende Industrialisierung und das Eisenbahnzeitalter, verloren die stolzen Handwerkerhäuser ihre Funktion. Das Fischerviertel sank zum Arme-Leute-Quartier herab, die Fachwerkhäuser verfielen. Von den Zerstörungen im Zweiten Weltkrieg blieb ausgerechnet dieses Viertel weitgehend verschont. Vor Jahrzehnten hat man die Qualität des Fischerviertels und der Fachwerkbauten an der Blau wiederentdeckt. Die historische Bausubstanz hat man einfühlsam saniert. Das zentrumsnahe Fischerviertel ist seit Ende der 1970er-Jahre eine feine Wohngegend und ein lebendiges Restaurant- und Kneipenviertel.

Neben der zentralen Fischergasse sind es insbesondere zwei Plätze, welche die Besucher des Fischerviertels anziehen. Der erste dieser Plätze liegt – nur ein paar wenige Schritte von der **Staufenmauer** beim Weinhof entfernt – am Nordrand des Altstadtviertels an der Schwörhausgasse. Dort haben sich Reste der staufischen Befestigungsmauer erhalten.

Im Schatten dieser Mauer steht das **Schiefe Haus**. Der wohl schon 1443 errichtete spätgotische zweigeschossige Fachwerkbau entstand über einem kleineren Vorgängergebäude. Im 15. Jahrhundert hat man das Haus in Richtung Süden erweitert und dabei wohl den Blaukanal verengt. Das südseitige Fundament lag nunmehr direkt an der Blau. Vom ersten Obergeschoss kragte der Bau weit über den Blaukanal aus. Unter dem dadurch überhängenden Stockwerk des von Fischern bewohnten Bauwerks konnten Kähne vertäut werden. Im Keller des Hauses waren Fischbassins mit Frischwasserdurchlauf für

Vom kleinen Platz zwischen dem Schiefen Haus und der Münz führt eine äußerst enge Gasse in Richtung Fischerplätzle. Der Ulmer Volksmund nennt diese Engstelle zwischen zwei Häusern „Kussgässle".

*Am idyllischen Fischerplätzle stehen das Zunft-
haus der Schiffleute (rechts), das Schmale Haus
(Mitte) und das Schöne Haus.*

lebende Fische eingebaut. Doch weil der weiche Untergrund
an der Kleinen Blau nachgab, geriet das Fachwerkhaus bald
in arge Schieflage. Bereits 1620 musste die Schräge der Haus-
fundamente ausgeglichen werden. Nach der jüngsten Sanierung wurde das Schiefe Haus zu einem exklusiven Hotel. Der
Höhenunterschied der Fußböden in den Zimmern beträgt
jedoch weiterhin bis zu 40 Zentimeter. Nur die Betten stehen
absolut gerade. Dieser einzigartige Umstand hat dem prominentesten Profanbau Ulms 1997 den Eintrag ins Guinnessbuch
der Rekorde als „schiefstes Hotel der Welt" beschert.

Direkt gegenüber steht zwischen den beiden Blauarmen die
sogenannte *Münz*. Dieser Fachwerkbau – ein Färberhaus –
diente von 1620 bis 1624 aber nur als Filiale der Ulmer Münzstätte, als die Not des Dreißigjährigen Kriegs die massenhafte
Prägung von minderwertigen Münzen notwendig machte. An
dem Platz zwischen Schiefem Haus und Münz steht auch die
Ulmer Garnsiede (Schwörhausgasse 3). Vom Garten des Anwesens von 1634 aus erlaubt ein großes Fenster den Blick auf
die archäologischen Grabungen im Inneren. Das hochspezia-
lisierte Handwerk der Garnsieder hat im Spätmittelalter dazu
beigetragen, dass Ulmer Stoffe europaweit verkauft wurden.

*Der Blick vom Schweinmarkt auf die traditions-
reiche Gastwirtschaft „Zur Forelle", das Schmale
Haus und das Zunfthaus der Schiffleute.*

Nach dem kleinen Platz vor dem Schiefen Haus folgt – nur
mit einem schmalen Steg verbunden – das Fischerplätzle, der
vielleicht schönste Platz in der Stadt. Das dortige **Zunfthaus
der Schiffleute** wurde ursprünglich 1490 für den Ulmer
Donaufischer Erhard Hailbronner errichtet. Früher stellten die
Fischer dort im Winter ihre Zillen auf. Eine Inschrift an diesem
Bau bezeugt, dass hier die Ulmer Schifferfamilien Molfenter,
Kässbohrer, Mayer, Hochreiter, Hägele, Miller und Hailbronner
lebten. Heute werden in diesem Haus Requisiten des alle vier
Jahre stattfindenden Fischerstechens aufbewahrt. Der Wirts-
hausausleger weist mit einer Ulmer Schachtel sowohl auf die

*Das im Kern spätmittelalterliche
Schöne Haus wurde früher von
den Zunftmeistern der Schiffleute bewohnt. Vor der Ostfassade des Fachwerkhauses
am Fischerplätzle liegt eine
Fischerzille.*

Der Blick über die „Häuslesbruck" auf die rück-wärtige Fassade des Schmalen Hauses und seine Nachbargebäude an der Fischergasse.

Vergangenheit des Gebäudes als auch auf das Restaurant hin, das nun im Fachwerkbau (im Sommer auch davor) bewirtet.

Gegenüber dem Zunfthaus steht das **Schöne Haus**. Die Ostfassade ziert seit 1717 eine Wandmalerei mit einem Panorama der Stadt Belgrad. Die Gedenktafel daneben hält fest, dass das Bild an Truppentransporte der Ulmer Schiffleute zur Zeit der Türkenkriege erinnert. An der Fassade liegt eine Zille, wie sie von den Ulmer Donaufischern genutzt wurde.

Das **Schmale Haus** steht gegenüber und links neben dem Zunfthaus der Schiffleute. Den Namen trägt es zu Recht: Das

Das ehemalige Wohnhaus der Schifferfamilie Kässbohrer beherbergt das Setra-Museum. Die spätere Industriellenfamilie stellte Omnibusse mit diesem Markennamen her.

Die Aussicht von der „Häuslesbruck" in Richtung
Westen auf ein kleines Handwerkerhaus mitten
in der Blau.

im 16. Jahrhundert erbaute fünfgeschossige Fachwerkhaus ist nur viereinhalb Meter breit. An die Westfassade des Schmalen Hauses ist die **Gastwirtschaft Zur Forelle** angebaut: Dieses Gebäude stammt aus dem 15. Jahrhundert und ist seit 1626

Der Blick blauaufwärts auf das Fachwerkhaus
„Auf der Insel 1". Dahinter liegt die Lochmühle.

Eine Bronzeplastik auf dem Schweinmarkt stellt einen Handel zwischen einem Bauern und einem Metzger um drei Schweine dar. Die Ulmer nennen diesen Platz zwischen der Fischergasse und der Bastion Lauseck auch „Saumarkt".

als Schankwirtschaft belegt. Direkt nach der „Forelle" ermöglicht die steinerne „Häuslesbruck" die wohl schönste Aussicht auf das Fischerviertel und die beiden Arme der Blau.

Direkt bei der Brücke steht das mehr als 500 Jahre alte Kässbohrer-Haus (Fischergasse 23): Ein Ausleger zeigt mit einem kleinen Omnibus an, dass dieser Fachwerkbau heute das **Setra-Museum** beherbergt. Zuvor lebte hier die Schifferfamilie Kässbohrer, deren Nachkommen mit Omnibussen der Marke „Setra" Industriegeschichte schrieben. Das historische Gebäude ist nicht öffentlich zugänglich.

Die prägenden Handwerkerhäuser im Viertel sind die heute mustergültig sanierten **Gerberhäuser**: Besonders gut ist dies an den ehemaligen Handwerkerhäusern Fischergasse 1, 3, 5, 11, 13 und 15 zu erkennen, die jeweils im 15. beziehungsweise 16. Jahrhundert errichtet wurden. Ihre Traufseite weist zur Gasse hin, die für Gerberhäuser so typischen hölzernen Lauben wurden an der Blauseite angebaut. Die Gerber, die mit künstlich herbeigeführter Fäulnis Fleisch- und Fettpartikel von Rinderhäuten trennten, waren auf Wasser angewiesen. Auf Plattformen spülten sie die Häute. Ihre Hausfassaden verkleideten sie mit Holz, um die Wände vor der scharfen Brühe zu schützen, die unablässig von den in den Obergeschossen aufgehängten Häuten tropfte.

Ausgerechnet in der Gerbergasse wird man nicht an die Gerber, sondern an ein weiteres bedeutendes Handwerk erinnert: an die Müller. Früher lagen an den beiden Armen der Blau nämlich sieben Mühlen. Die **Lochmühle** hält die Erinnerung aufrecht: Sie ist die älteste erhaltene Mühle im Fischer-

*Von der Gasse „Auf der Insel" sieht man mehrere
Gerberhäuser mit ihren Lauben über der Blau.*

viertel und eine der ältesten Mühlen der Stadt. 1356 wurde
sie erstmals urkundlich genannt, sehr wahrscheinlich bestand
sie aber schon lange zuvor. Der breite Südgiebel zeigt sich
vermutlich noch im Originalzustand aus der Zeit vor 1612.
1977 wurde die Lochmühle renoviert, seitdem bewirtet dort
eine Bierwirtschaft. Das hölzerne Mühlrad über dem Blaukanal wurde 1988 wieder eingesetzt.

An der Blauseite der renovierten Lochmühle
wurde 1988 wieder ein Mühlrad angebracht.
Es erinnert heute an die Müller im Fischerviertel.

Der Südgiebel der Lochmühle stammt vermutlich
noch aus der Zeit vor dem Jahr 1612. Vor diesem
Fachwerkbau bewirtet eine Bierwirtschaft unter
freiem Himmel und direkt an der Blau.

*Vom Rathaus kommt man durch die Kronen-
gasse ins Fischerviertel. Der Quaderputz der ehemaligen Kronenapotheke (oben rechts) entstand
erst im Jahr 1895 im Stil der Neorenaissance.
Putzgequadert ist auch der Innenhof des benachbarten ehemaligen Gasthofs „Krone".*

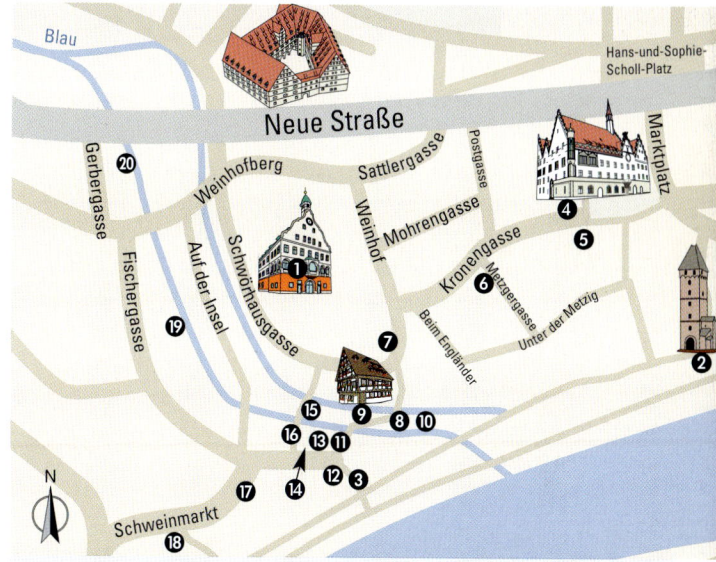

Ihr Weg zu Fuß (eine Stunde und länger)

Mehrere Wege führen ins Ulmer Fischer- und Gerberviertel – jeder hat seinen ganz eigenen Reiz. Kommt man vom Münsterplatz, geht man vorbei am ❶ Schwörhaus und über die Schwörhausgasse zu den Häuserzeilen und Gassen entlang der Blau-Kanäle. Äußerst reizvoll ist der Weg vom schiefen ❷ Metzgerturm und durch die nachfolgende Gasse „Unter der Metzig". Und vom Donauschwabenufer kommt man durch einen kleinen ❸ Durchlass in der Stadtmauer direkt zum romantischen Fischerplätzle, dem vielleicht schönsten Platz der Donaustadt.

Kommt man vom Rathaus und über den Marktplatz, nimmt man den Weg vorbei am Fischkastenbrunnen zur Kronengasse. Wo sie beginnt, steht links der imposante Bau der ehemaligen ❹ Kronenapotheke (Kronengasse 5) und rechts der kleine, 1651 errichtete Fachwerkbau des heutigen „Hotels Reblaus". Von dort aus sind es nur ein paar Schritte bis zum Wirtshausausleger des ❺ Gasthofs „Krone" (Kronengasse 4). Den Innenhof des Anwesens sollte man unbedingt besichtigen. Am westlichen Ende der Kronengasse steht der ❻ „Engländer"(Weinhof 19). Dieser Fachwerkbau war einst die Herberge „Zum König von England". Direkt danach stößt man auf den „Weinhof": Dieser Gasse folgt man bergab und vorbei an einem erhaltenen Teilstück der ❼ Staufenmauer. Wo der Weinhof und die Schwörhausgasse aufeinanderstoßen, führt ein Fußgängersteg über die Kleine Blau. Dort liegt der kleine Platz, an dem die ❽ Münz (Schwörhausgasse 4/1), das ❾ Schiefe Haus (Schwörhausgasse 6) und die ❿ Garnsiede (Schwörhausgasse 3) stehen.

Durch die schmale Lücke zwischen zwei Altstadthäusern – im Volksmund „Kussgässle" genannt – und über einen Steg über die Große Blau kommt man zum ⓫ Zunfthaus der Schiffleute (Fischergasse 31): Vom nachfolgenden idyllischen Fischerplätzle aus ist es leicht am Wirtshausausleger in Form einer Ulmer Schachtel zu erkennen. Auf der gegenüberliegenden Seite der Gasse erhebt sich das ⓬ Schöne Haus (Fischergasse 40). An der Ostfassade dieses Fachwerkhauses sieht man das Fresko mit einem Panorama der Stadt Belgrad. Links (westlich) an das Zunfthaus schließt der nur viereinhalb Meter breite Fachwerkgiebel des ⓭ Schmalen Hauses (Fischergasse 27) an. Der Bau beherbergt heute ein kleines Hotel mit drei Zimmern.

Im nächstfolgenden Haus bewirtet das Restaurant ⓮ „Zur Forelle" (Fischergasse 25). Das Gebäude stammt aus dem 15. Jahrhundert und beherbergte 1626 erstmals eine Schankwirtschaft. Nach dieser Traditionsgaststätte ermöglicht die steinerne ⓯ „Häuslesbruck" den Blick auf die beiden Blaukanäle und die dortigen Fachwerkhäuser. An dieser Brücke liegt auch das ⓰ Setra-Museum (Fischergasse 23) in einem nur bei Führungen zugänglichen Fachwerkbau, der über Generationen das Zuhause der nachmaligen Industriellenfamilie Kässbohrer war. In ihrem 1893 gegründeten Unternehmen wurde 1907 der erste Omnibus der Ulmer „Wagenfabrik Kässbohrer" konstruiert. Später entstand der Markenname „Setra".

Beim Setra-Museum stellt ein ⓱ Bronzedenkmal einen Metzger beim Handschlag mit einem Bauern – umringt von drei Schweinen – dar: Die Figuren zeigen an, dass hier der Schweinmarkt liegt. Am westlichen Ende dieser von den Ulmern „Saumarkt" genannten Gasse begrenzt eine mächtige Backsteinmauer – ein Rest der ⓲ Oberen Donaubastion, der Stadtbefestigung von 1527 – das Fischerviertel. Sie wurde 1617 zur Bastion Lauseck und 1801 von den Franzosen geschleift. Ihren heutigen Namen („Wilhelmshöhe") erhielten die Relikte der Bastion nach einem Gasthaus im Fischerviertel. Von der Wilhelmshöhe aus genießt man den weiten Blick über die Dächer des Fischerviertels mit Blick auf das Münster und über die Donau. Direkt nach dem „Saumarkt" führt der Weg zwischen den Anwesen Fischergasse 15 und 17 über den Steg in die Gasse „Auf der Insel"

Einer der Wege ins Fischerviertel führt vom Metzgerturm über die Gasse „Unter der Metzig". Dort stehen die beiden Westgiebel des einstigen Gasthauses „Zur Krone" (Kronengasse 4). Über einen schmalen Durchgang kommt man von der stillen Gasse in den sehenswerten Innenhof.

(sie liegt zwischen den beiden Kanälen der Blau): Von dort aus sieht man zwei an der Blau stehende ⓳ Gerberhäuser. Typisch für solche drei- bis viergeschossigen Fachwerkbauten sind die Traufseite zur Gasse und die Lauben über dem Kanal (Fischergasse 3 und 5).

An ihrem nördlichen Ende mündet die Gasse „Auf der Insel" in den Weinhofberg. Von hier aus geht es ein paar Schritte nach links in die Gerbergasse. Dort stößt man auf den breiten Fachwerkgiebel der ⓴ Lochmühle (Gerbergasse 6). Dieses im Kern mindestens aus dem 14. Jahrhundert stammende Bauwerk ist die älteste Mühle im Fischerviertel und beherbergt seit 1977 eine Bierwirtschaft. An der Hauswand über der Blau wurde wieder ein Mühlrad angebracht.

Wer will, kann von hier aus den Rückweg zum Münsterplatz über den Weinhofberg wählen. Der Weg zurück – jetzt vielleicht statt über die Gasse „Auf der Insel" durch die Fischergasse – ist jedoch auch deshalb empfehlenswert, weil Besucher beim zweiten Gang durchs idyllische Fischerviertel mit Sicherheit noch etliche weitere sehenswerte Details und reizvolle Perspektiven entdecken werden.

Tipps zum Fischerviertel

· **Führung:** Die von April bis Oktober täglichen Stadtführungen der Ulm/Neu-Ulm Touristik GmbH leiten (vormittags wie nachmittags) auch durch das alte Fischer- und Gerberviertel. Von November bis März kann man das Fischerviertel an Samstagen, Sonn- und Feiertagen per Führung erkunden (www.tourismus.ulm.de).
· **Gastronomie:** Das Fischerviertel ist voller Restaurants, Wirtshäuser und Kneipen. Um nur drei zu nennen: Am Fischerplätzle offerieren „Die Gaststuben im Zunfthaus der Schiffleute" Regionalküche mit Spätzle, Maultaschen und Sauren Kutteln in drei offenen Etagen im Innern, im Sommer auch unter freiem Himmel. Die Deckenhöhe von 1,95 Meter macht die Gaststube im Restaurant „Zur Forelle" urig und gemütlich. Dort wird – an der „Häuslesbruck" – auch im Freien serviert. Auch das „Restaurant Lochmühle" bewirtet direkt an der Blau und unter freiem Himmel. Und am Weg zum Fischerviertel liegt in der Kronengasse die seit 1320 bestehende, älteste Ulmer Gaststätte, die „Krone" (sehenswerter Innenhof).
· **Übernachtung:** Im Fischerviertel nächtigt man in den beiden wohl originellsten Ulmer Hotels. Das „Hotel Schiefes Haus" bietet lediglich elf Zimmer – alle mit schrägen Böden und Wänden. Im viereinhalb Meter breiten „Schmalen Haus" gibt es nur drei Zimmer.

Der Blick vom Fußgängersteg zwischen der Fischergasse und der Gasse „Auf der Insel" auf die Große Blau. Mit Schleusen und einfachen Schütztafeln wird der Wasserzufluss in die Kanäle reguliert.

Spaziergang entlang des Donauufers: zwischen Wilhelmshöhe und Friedrichsau

Der Blick aufs Wasser entspannt beim gemütlichen Spaziergang entlang des Ulmer Donauufers, zwischen der Eisenbahnbrücke im Westen der Altstadt bis zur Gänstorbrücke im Osten oder darüber hinaus bis in die Friedrichsau. Am Weg: die zweite Keimzelle der Donaustadt und die Adlerbastei, von der aus der „Schneider von Ulm" sprang. Die beste Aussicht auf Ulm hat man vom Neu-Ulmer Donauufer aus – ein Grund mehr, auch mal die Seite zu wechseln.

Im „reißenden Wasser der Donau" wurde 1482 die Ulmer Stadtmauer am Fluss gebaut: Das hält eine kupferne Gedenktafel am Durchlass zum Fischerplätzle fest. Einst sollte diese Mauer die Reichsstadt gegen feindliche Angriffe und gegen Hochwasser der Donau schützen. Die **Donaumauer** ist ein Abschnitt des Spazierwegs, der von der Wilhelmshöhe beim Fischerviertel vorbei am schiefen Metzgerturm, am Rosengarten und an der Adlerbastei bis in die Friedrichsau, das seit 200 Jahren bestehende Naherholungsgebiet der Ulmer, führt.

Bild oben: Im Hafenbecken an der Donaumauer liegen einst für die Donaufischer typische Zillen. Dort münden beide Arme der Blau in die Donau.

Bei den Überresten der Bastion Lauseck beginnt die Donaumauer. Seit 1835 nennen die Ulmer diesen Aussichtspunkt am Ufer der Donau „Wilhelmshöhe". Nach dieser Bastion verlaufen die alte Stadtmauer und das Donauschwabenufer parallel zum Fluss.

Wer will, kann seinen Spaziergang an der Donau in luftigen Höhen und mit einer weiten Aussicht über Ulm, den Fluss und Neu-Ulm beginnen. Auf den Relikten der Oberen Donaubastion von 1527, die 1617 zur Bastion Lauseck wurde und seit 1835 **Wilhelmshöhe** heißt, genießt man die weite Aussicht über die Dächer der Altstadt auf das Münster, auf die Donau und auf Neu-Ulm.

Den Weg Richtung Osten kann man auf der Donaumauer oder auch auf dem darunterliegenden **Donauschwabenufer**

Eine spektakuläre Aussicht auf Ulm und sein Münster genießt man von der Wilhelmshöhe aus.

*Die Donaumauer bietet sich heute als Spazier-
weg an. Zwischen dieser Mauer und der Donau
liegen die Grünanlagen am Donauschwabenufer.*

absolvieren. Die interessanteren Aussichten – zum Beispiel die
auf das Fischerplätzle im Fischerviertel oder auf die Giebel-
front zur Donau – hat man von der Donaumauer aus. Wenige
Schritte nach der Mündung der Blau (die Kleine Blau ist unter-
irdisch mit dem Ausfluss der Großen Blau verbunden) lässt
eine Ausbuchtung auf der Stadtmauer noch das achteckige

*Der Blick vom Münsterturm auf den Metzgerturm
und auf die Häuserreihe an der Donaumauer.*

Fundament des abgebrochenen Dicken Turms erkennen. Nur wenige Schritte östlich davon erreicht man die Herdbrücke: Sie überspannt seit 1949 als Ersatz für die 1832 eingeweihte, im Zweiten Weltkrieg zerstörte Vorgängerbrücke die Donau.

Das erste unübersehbare Ziel an der Mauer ist der deutlich erkennbar schiefe **Metzgerturm** (Unter der Metzig 4), der 1349 als Teil der Ulmer Stadtbefestigung erbaut wurde. Den Turm aus Sichtbackstein deckt ein hohes Walmdach mit bunt glasierten Ziegeln. Bei mehr als 36 Metern Höhe neigt sich der schlanke vierseitige Torturm – bedingt durch den nachgebenden Untergrund am Donauufer – mehr als zwei Meter nach Nordwesten. Eine Stadtsage erzählt, dass der Turm den Namen von Ulmer Metzgern erhalten habe, die Würste mit Sägespänen streckten. Als man ihnen auf die Schliche kam, seien sie in den Turm gesperrt worden. Weil sich die wohlgenährten Betrüger aus Angst vor dem Urteil in einer Ecke des Verlieses zusammendrängten, habe sich der Turm geneigt.

An der Ostseite der Herdbrücke liegt an der Gasse „Grüner Hof" ein Ensemble, dessen Standort erst bei der staufischen Stadterweiterung um 1165 in die befestigte Stadt einbezogen wurde. Seit dem 13. Jahrhundert entstand hier mit den Pfleg-

Den mittelalterlichen Arkadengang am Hofgeviert des Reichenauer Hofs (heute: Ehinger Hof) kann man trotz späterer Umbauten noch gut erkennen.

Den besten Blick auf das Stadtpanorama des alten Ulm, auf die Donaumauer und das darunterliegende Donauschwabenufer hat man vom Neu-Ulmer Jahnufer aus. Bei einem Spaziergang entlang des Ulmer Donauufers kommt man über die Eisenbahnbrücke im Westen der Altstadt oder über die Herdbrücke – nah beim Metzgerturm – rasch zu dem beliebten Neu-Ulmer Aussichtspunkt. Die Grenze zwischen Baden-Württemberg und Bayern liegt mitten im Fluss.

Fünfmal hielt sich Kaiser Karl V. im Anwesen des reichen Ulmer Ratsherrn Ulrich Ehinger auf. Eine bunt gefasste Gedenktafel an der Nordseite des Ehinger Hofs hält fest, dass der Habsburger hier in den Jahren 1543, 1547, 1548, 1550 und 1552 zu Gast war.

höfen der Klöster Reichenau, Salem, Kempten und Ochsenhausen das neben der Stauferpfalz auf dem Weinhof zweite Ulmer Machtzentrum.

Direkt an der Donau liegt der **Ehinger Hof** (Grüner Hof 2). Er wird auch Reichenauer Hof genannt, weil das Anwesen im 13. Jahrhundert Mönchen von der Insel Reichenau gehörte. Der Giebel des Ostflügels – 1370/80 von Bürgermeister Lutz Krafft errichtet – zeigt zur Donau. Im tiefgelegten Erdgeschoss dieses Trakts entstand um 1380 der mit gotischen Fresken ausgemalte Minnesängersaal. 1535 wurde der Ehinger Hof durch den Ratsherrn Ulrich Ehinger umgebaut und um den neu gebauten Südflügel erweitert. Eine Gedenktafel an der Nordwand des Ehinger Hofs verweist darauf, dass sich Kaiser Karl V. fünfmal im Ehinger Hof aufhielt.

Weiter nördlich liegt der 1490 errichtete **Ochsenhäuser Hof** (Grüner Hof 5). Dieser einstige Pfleghof des Klosters Ochsenhausen wurde 1968/69 nach der Zerstörung im Zweiten Weltkrieg unglücklich wiederaufgebaut. Vor dem Bau erinnert der im Stil barocker Gärten angelegte **Furttenbachgarten** an den Ulmer Stadtwerkmeister, Architekten, Mathematiker, Mechaniker und Chronisten Joseph Furttenbach (1591 – 1667).

Die **Nikolauskapelle** (Neue Straße 102), der einzige romanische Sakralbau Ulms, grenzt nördlich an den Ochsenhäuser Hof an. Ein Notar der Staufer schenkte die Kapelle 1222 ge-

Die Ostfassade der Nikolauskapelle, links der Ochsenhäuser Hof. Diese Kapelle ist der älteste Kirchenbau in der Donaustadt.

meinsam mit dem westlich direkt daran angebauten **Steinhaus** (Neue Straße 102) dem Kloster Salem. Etliche Bauteile der im Jahr 1449 aufgestockten Kapelle und die schemenhaft erkennbaren Wandmalereien mit einer Darstellung der Nikolauslegende sind erhalten. Beim Steinhaus stammen noch Teile der Nordwand und die nahezu vollständige Westwand aus romanischer Zeit. In der Westwand des Steinhauses an

Anstelle einer Dominikanerklosterkirche entstand bis 1621 die evangelische Dreifaltigkeitskirche. Sie beherbergt heute das „Haus der Begegnung".

der Neuen Straße entdeckt man ein romanisches Zierfenster. Die Nikolauskapelle und das Steinhaus sind die ältesten Gebäude in der Donaustadt.

Auf der nördlichen Seite der Gasse „Grüner Hof" steht die ehemalige, von 1617 bis 1621 über den Grundmauern einer 1321 geweihten Dominikanerklosterkirche erbaute **Dreifaltigkeitskirche** (Grüner Hof 7). Im 1531 aufgehobenen Kloster hatte der deutsche Mystiker und Schriftsteller Heinrich Seuse bis 1366 seine letzten Lebensjahre verbracht. Die im Zweiten Weltkrieg zerstörte Dreifaltigkeitskirche wird heute als „Haus der Begegnung" für Veranstaltungen genutzt. Vor der Nordfassade der profanierten Kirche steht der **Peterskasten**. Der erstmals 1540 erwähnte Brunnen wurde 1583 mit einer spätgotischen Petrusfigur ausgestattet. An seinem jetzigen Standort wurde der Peterskasten erst 1815 aufgestellt.

In den Wallanlagen bei der Dreifaltigkeitskirche hat man am Donauufer den langgestreckten **Rosengarten** im ehemaligen Elendgarten (wo sich im 19. Jahrhundert eine Badeanstalt befand) angelegt. Zahlreiche Sorten der namensgebenden Rosen, Beete mit mehrjährigen Stauden und Kräutern, aber auch Pergolen und ein kleiner Springbrunnen laden zur Rast auf den Sitzbänken in dieser gepflegten Grünanlage ein.

Der Rosengarten liegt wenige Schritte nach der Herdbrücke zwischen früheren Festungsmauern.

Hoch über der Donau liegt auf der Adlerbastei die Stelle, von der aus 1811 der „Schneider von Ulm" beim Flugversuch in die Donau stürzte.

Auf den Rosengarten folgt in Richtung Osten die **Adlerbastei**. Dieser Teil der Bastionärsbefestigungen – eine hohe Backsteinmauer vor hohen Erdaufschüttungen – wurde 1606/07 errichtet. Das verwitterte Sandsteinrelief mit dem Reichsadler und die von einem Gitter gesicherte Brüstung darüber kennzeichnen jene Stelle, von der aus Albrecht Ludwig Berblinger (1770–1829), der „Schneider von Ulm", vor Angehörigen des württembergischen Königshauses seinen Flugversuch wagte. Wegen der dort ungünstigen Thermik stürzte der Flugpionier in die Donau. Von der Mauer der Bastion führt ein schmaler Weg hoch zur Absprungstelle. Dort erinnert heute eine in den Boden eingelassene Gedenktafel an Berblinger. Nur ein paar Schritte davon entfernt steht das Denkmal für den Ulmer Schriftsteller Max Eyth, der dem früher verlachten Genie mit seinem Roman „Der Schneider von Ulm" ein einfühlsames, heute noch lesenswertes literarisches Denkmal setzte.

Von der Adlerbastei hat man zudem einen weiten Blick über die Donau und auf den **Schwal**, die Spitze der Donauinsel vor Neu-Ulm. Das Areal wurde früher von den Ulmer Schiffleuten genutzt. Heute steht dort das steinerne **Kriegerdenkmal** des Neu-Ulmer Bildhauers Edwin Scharff. Entstanden ist es 1933.

*Der Blick von der Adlerbastei auf die Donauinsel
vor Neu-Ulm: Auf dem sogenannten Schwal
steht das Kriegerdenkmal von Edwin Scharff.*

Von der Adlerbastei schaut man über die nördlich verlaufende Neue Straße auch auf das südöstliche Ende der Ulmer Altstadt: Dort ragt der 1360 erstmals genannte **Gänsturm** empor, der aus Buckelquadern der abgetragenen staufischen Stadtmauer errichtet wurde. 1495 erhielt er das hohe Oberteil aus Backstein. Seinen Namen bekam der fast 38 Meter hohe schlanke Turm, weil durch das Gänstor die Gänse auf die benachbarten Donauwiesen getrieben wurden. Daran erinnern die nahe Gänstorbrücke und der Gänswiesenweg, der weiter östlich in Richtung Friedrichsau führt. Vor dem Gänstor steht der sogenannte **Erbiskasten**. Auf der Säule dieses Brunnens hält ein Steinlöwe zwei Wappenschilde in den Tatzen.

Wenige Schritte vom Donauufer entfernt liegt der Gänsturm. Dieser Stadtmauerturm begrenzt die Ulmer Altstadt im Südosten.

Der Untere Donauturm gehörte zur östlichen Hauptumwallung der Bundesfestung Ulm. Der Turm ist eines der dort erhaltenen Bauwerke.

Östlich der vielbefahrenen Gänstorbrücke stößt man am dortigen Valckenburgufer auf den **Unteren Donauturm**. Der niedrige und gedrungene Bau war Teil des von 1845 bis 1855 errichteten östlichen Abschlusses der Hauptumwallung der Bundesfestung Ulm. Sie ist an dieser Stelle bis auf den Turm abgetragen worden. Beim Unteren Donauturm erhebt sich die imposante Glasarchitektur des an das Maritim Hotel angeschlossenen Congress-Centrums Ulm. Man läuft hier auf dem Valckenburgufer: Der Name erinnert an den niederländischen Ingenieur und Festungsbaumeister Johan van Valckenburgh (um 1575 – 1625). Er errichtete von 1617 bis 1622 auf der Landseite von Ulm mächtige Bastionen, Erdwälle und Gräben.

Vom Unteren Donauturm sind es noch 1,2 Kilometer bis zur **Friedrichsau**. Östlich des Festungsturms lockt zunächst keine Sehenswürdigkeit, dafür viel Natur, und auch das Ziel lohnt. Die Friedrichsau besteht schon seit 1811. Man findet dort den **Tiergarten Ulm** (mit Aquarium und Tropenhaus), kann Minigolf spielen oder in etlichen Biergärten und Gaststätten einkehren. Auf der größten innerstädtischen Grünfläche stehen 1300 Bäume um die drei Auenseen. Der zwei Kilometer lange „Baumlehrpfad Friedrichsau" führt zu 46 Baumarten – vom Amberbaum über den Brotbaum bis zur Zerreiche.

Ulmer Ansichten

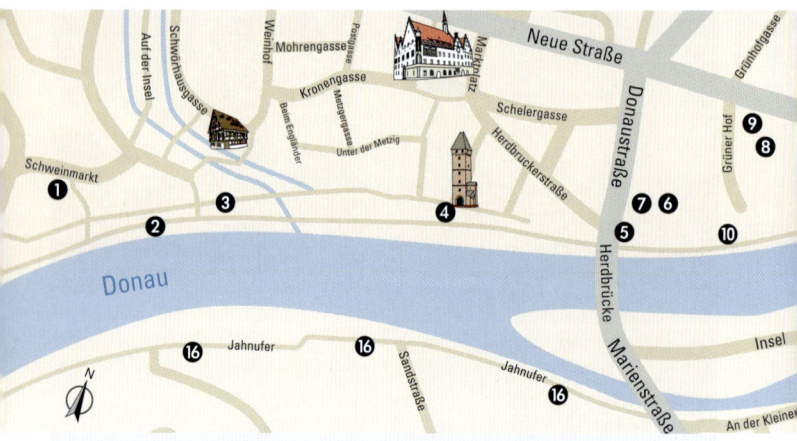

Ihr Weg zu Fuß (ab einer Dreiviertelstunde)

Bei diesem Spazierweg verläuft sich garantiert niemand. Man kann ihn in einer knappen Dreiviertelstunde absolvieren oder in einer weiteren halben Stunde bis zur Friedrichsau weiterspazieren. Dort ist auch ein längerer Aufenthalt möglich. Wegen der Aussicht auf Ulm stets lohnend ist ein Abstecher zum Neu-Ulmer Donauufer.

Die Tour entlang der Donauufer startet man am besten mit dem Blick von der ❶ Wilhelmshöhe auf Ulm, die Donau und Neu-Ulm. An der Südseite der Bastion führt eine kleine Treppe hinunter: Wahlweise spaziert man nun über das ❷ Donauschwabenufer (direkt am Fluss) oder über die ❸ Donaumauer (von Letzterer aus sieht man mehr vom alten Ulm). So oder so gelangt man bald zum schiefen ❹ Metzgerturm. Von hier aus sind es nur ein paar Schritte zur Herdbrücke. Hier verlässt man kurz das Donauufer in Richtung Norden, um das dortige Ensemble Grüner Hof mit dem ❺ Ehinger Hof, der romanischen ❻ Nikolauskapelle und dem gleichfalls romanischen ❼ Steinhaus sowie der ❽ Dreifaltigkeitskirche mit dem ❾ Peterskasten zu besichtigen.

Geht man zurück zur Herdbrücke, dauert der Weg von hier aus bis zum ❿ Rosengarten etwa eine weitere Gehminute. Von dieser gepflegten Grünlage aus gelangt man über eine Treppe zur weiter östlich gelegenen ⓫ Adlerbastei. 30 Meter nach der Adlerbastei führt ein geteerter Weg hinauf zu jener Stelle, von der aus der „Schneider von Ulm" einen Flugversuch startete. Von da schaut man nach Süden und auf den Neu-Ulmer ⓬ Schwal mit dem dortigen Kriegerdenkmal, in Richtung Osten ist es nur ein kurzer Weg zum ⓭ Gänsturm und

zum dortigen ⓮ Erbiskasten. Wer will, kann hier die Tour entlang des Ulmer Donauufers nach rund einer Dreiviertelstunde enden lassen.

Wenn man nach der folgenden Berblingerstraße die Gänstorbrücke unterquert, steht man vor dem ⓯ Unteren Donauturm. Zwischen diesem Relikt der Bundesfestung und dem benachbarten Congress-Centrum zeigt ein Wegweiser die exakte Entfernung zur Friedrichs-au: 1,2 Kilometer. Über das Valckenburgufer und den Gänswiesweg kommt man entlang der Donau dorthin. Bis zum Westrand des Parks geht man vom Unteren Donauturm aus weitere 20 bis 25 Minuten.

Über den Gehweg entlang der Eisenbahnbrücke oder aber über die Herdbrücke führt ein Abstecher von dieser Tour auf das Neu-Ulmer ⓰ Jahnufer. Die spektakuläre Aussicht auf Ulm lohnt diesen Weg.

Tipps zum Weg entlang der Donau

· **Besichtigung:** Der Minnesängersaal im Ehinger Hof ist auf Anfrage zu den Geschäftszeiten des staatlichen Hochbauamts zugänglich. Info und Anmeldung: Telefon 07 31/2 70 11-1 10.
· **Gastronomie:** An beiden Uferseiten der Herdbrücke bewirtet in der warmen Jahreszeit Freiluftgastronomie. Von der Donaumauer und vom Donauschwabenufer aus kommt man zum Fischerplätzle sowie zu den Restaurants und Cafés im Fischerviertel.
· **Übernachtung:** Am Ulmer Donauufer liegt das Maritim Hotel (Basteistraße 40). Den Blick über die Donau auf die Ulmer Altstadt bietet das Golden Tulip Parkhotel Neu-Ulm (Silcherstraße 40).
· **Düfte:** Am Kobelgraben bei der Wilhelmshöhe liegt der speziell für Blinde und Sehbehinderte angelegte Duft- und Tastgarten.

PUBLICAE SALUTI MDCLXVII.

Über die Ulmer Altstadt verstreut: die Repräsentationsbauten der Reichsstadt

Neben dem Rathaus haben sich in der Ulmer Altstadt sieben weitere Repräsentationsbauten der Reichsstadt Ulm erhalten. Sie liegen über die Innenstadt verstreut. Abstecher zum Schwörhaus, Steuerhaus und Neuen Bau, zum Büchsen- und Salzstadel, Kornhaus und Zeughaus verraten einiges über das Zusammenleben in der Stadt und lohnen sich für Geschichts- wie Architekturinteressierte.

Neben dem Rathaus entsprechen sieben mächtige reichsstädtische Prachtbauten der Bedeutung, die Ulm seit dem späten Mittelalter gewann. Die Königspfalz der Karolingerzeit wurde zur Reichsstadt: Im 14. Jahrhundert sicherte sich Ulm seine Unabhängigkeit und Selbstverwaltung. Bis ins 16. Jahrhundert baute die Donaustadt ein ausgedehntes Territorium auf. 1376 wurde der Schwäbische Städtebund auf Betreiben von Ulm zur Sicherung der reichsstädtischen Freiheitsrechte gegründet. Von 1488 bis 1534 war Ulm der Tagungsort des Schwäbischen Bundes: In ihm schlossen sich neben den Territorialfürsten von Tirol und Württemberg Hoher und Niederer Adel, Prälaten der

Bild oben: Bauten demonstrierten die Macht der Reichsstadt – wie der Löwenbau des Zeughauses.

geistlichen Territorien und 20 schwäbische Reichsstädte zur
Sicherung des Landfriedens zusammen. Ulmer Geld regierte
die Welt, man war wer und zeigte das. Städtische Nutzbauten
waren Medien politischer Repräsentation – und so bauten die
Ulmer denn auch. Steinerne Wappen mit dem schwarz-weißen
Ulmer Schild zieren bis heute das Steuerhaus und den Neuen
Bau, den Büchsenstadel, das Kornhaus und das Zeughaus.

Das **Schwörhaus** steht am Weinhof, wo seit 854 die Königspfalz wuchs. Wohl seit 1345 leisteten der Bürgermeister (stets
ein Patrizier), der Rat und die Gemeinde dort beim „Schwör-
häusle" ihren Schwur auf die Stadtverfassung. Von 1612 bis
1618 wurde anstelle des abgerissenen Vorgängerbaus das repräsentative Schwörhaus errichtet. Der dreigeschossige Giebelbau mit reich verzierter Giebelseite an der Ostseite brannte
1785 ab. Er wurde ebenso wieder errichtet wie nach der Zerstörung im Zweiten Weltkrieg. Jährlich am Schwörmontag,

*Am Weinhof steht das nach dem Zweiten Welt-
krieg wiedererrichtete Schwörhaus (links). Das
Steuerhaus findet man wenige Schritte davon
entfernt in der Sattlergasse.*

Im Gewölbekeller des Schwörhauses wurde Wein gelagert. Heute ist dort eine Dauerausstellung zur Stadtgeschichte zu sehen. Die Buckelquadermauer im Gewölbe gehörte zur Staufenmauer.

dem Stadtfeiertag am vorletzten Montag im Juli, erneuert Ulms Oberbürgermeister auf dem Balkon des Schwörhauses symbolisch den historischen Eid auf die Stadtverfassung. Das Schwörhaus beherbergt das „Haus der Stadtgeschichte" und das Ulmer Stadtarchiv. Das Gewölbe im Erdgeschoss war vormals ein Weinlager: Heute zeigt man hier eine übersichtlich aufbereitete stadtgeschichtliche Ausstellung mit zahlreichen Exponaten und Museumsmedien. Ein Teilstück der Anfang des 13. Jahrhunderts errichteten Staufenmauer, die hier die Pfalz schützte, bildet die Westwand des Gewölbes.

Hoch über der Blau und südwestlich des Münsters entstand zwischen 1585 und 1593 der **Neue Bau** (Münsterplatz 47), ein mächtiges, um einen Innenhof gruppiertes Fünfeck mit jeweils zwei Giebeln zum Münsterplatz und zur Neuen Straße. Der für die Ulmer Spätrenaissance typische Zierputz fehlt: Seit 1927 prägt Sichtbackstein das Äußere. Die Fassaden im Hof zeigen dagegen die restaurierte Putzquaderung. Den Hildegardbrunnen und das kleine Renaissanceportal an der Südfront im Innenhof schuf Claus Bauhofer ebenso wie das große Renaissanceportal zum Münsterplatz. Unter den riesigen Sattel-

Vom Münsterwestturm aus sind die fünfeckige Anlage und der zentrale Wendeltreppenturm des Neuen Baus gut zu erkennen.

dächern mit zahllosen Schleppgauben lagerte die Reichsstadt Korn, im Erdgeschoss des massigen Bauwerks Salz und Wein. Der Neue Bau dient heute der Polizei als Dienstgebäude.

Im **Steuerhaus** (Sattlergasse 2) saß seit 1437 das Steueramt der Reichsstadt Ulm. 1534 wurde das Steuerhaus neu gebaut. Aus dieser Zeit stammt der spätgotische, mit Kielbogenformen verzierte Giebel an der Nordfassade und die gotische Fenstergruppe im Obergeschoss. Heute dient das dreigeschossige Eckgebäude als Amtsgebäude. Der östlich benachbarte Bau ist das noch ältere Steuermeisterhaus (Sattlergasse 4).

Den Reichsadler und zwei schwarz-weiße Ulmer Wappenschilde sieht man am Südportal beim Treppenhaus des Neuen Baus.

Im Jahr 1485 wurde der Büchsenstadel errichtet.
Als reichsstädtisches Geschützdepot diente er
erst seit 1592. Zuvor lagerte man dort Salz.

Nördlich vom Münster wurde 1485 der **Büchsenstadel** (Platz-
gasse 18, heute ein Jugendhaus) erbaut. Ein Relief am Nord-
portal und eine eingemauerte steinerne Kanonenkugel an der
Giebelseite zeigen die Zweitnutzung: Denn zunächst war der
reichsstädtische Stadelbau ein Salzlager, das erst 1592 zum
Geschützdepot wurde. Das dreigeschossige Eckgebäude hat
eine für Ulm unübliche Sichtbacksteinfassade, die Südseite
zum Innenhof zeigt Fachwerk. Das hohe Satteldach gliedern
Schleppgauben. Das spätgotische Kielbogenrelief am Westgiebel gleicht dem des Steuerhauses. Ein steinernes Reichsadlerwappen mit zwei Ulmer Schilden ziert die Nordwestecke.

Das farbig gefasste Reichsadler-
wappen und zwei schwarz-
weiße Ulmer Wappenschilde
betonen an der Nordwestecke
des Büchsenstadels dessen
Funktion als reichsstädtisches
Lagerhaus.

Blick aus der schmalen Salzstadelgasse auf den mächtigen Westgiebel des Salzstadels: Paarweise angeordnete Fenster gliedern den verputzten, fast schmucklosen Giebel des städtischen Lagerhauses.

Das bis dahin im Büchsenstadel gelagerte Salz nahm der 1592 von Stadtwerkmeister Caspar Schmid und Zimmerwerkmeister Matthäus Gaiser erbaute **Salzstadel** (Salzstadelgasse 10) auf. Das asymmetrische Renaissanceportal an der Nordwestecke schuf Steinmetz Claus Bauhofer. Noch zu Beginn des 19. Jahrhunderts diente dieser massige Giebelbau mit verputzter, aber nur wenig verzierter Fassade als städtisches Lagerhaus. Dicht an dicht sitzen die Schleppgauben auf dem Dach. Das vierschiffige, von Rundpfeilern getragene Kreuzgewölbe der Halle im Erdgeschoss sieht man beim Blick durch das Eingangsportal beziehungsweise beim Besuch des Museums der Brotkultur.

In dichter Folge gliedern kleine Schleppgauben das mächtige Satteldach des 1592 erbauten Salzstadels.

Über dem Kornhausplatz erhebt sich die breite Westgiebel des Kornhauses. Seine Fassade ist im typischen Stil der Ulmer Renaissance gegliedert.

Das **Kornhaus** (Kornhausgasse 1) wurde 1594 von Caspar Schmid als reichsstädtisches Getreidelager erbaut. Die repräsentative Fassade dieses Lagerhauses wurde im Stil der Ulmer Renaissance mit Wellengiebel und hell-dunkel kontrastierender Sgraffitoputzgliederung gestaltet. Bemerkenswert sind die beiden Portale an der Südseite (zur Kornhausgasse). Claus Bauhofer schuf das zentrale Hauptportal mit dem steinernen Wappenrelief, auf dem zwei Löwen das Reichsadlerwappen und zwei Ulmer Schilde halten. Bei seinem Portal vermengte Bauhofer Stilelemente der Spätgotik und der Renaissance. Das kleinere Portal an der Südwestecke des Kornhauses ge-

Am Renaissanceportal an der Südwestseite des Kornhauses ziert ein Ulmer Wappenschild den Bogengiebel.

*Das Hauptportal des Korn-
hauses mit dem ulmischen
Reichsstadtwappen darüber
schuf 1594 Steinmetz Claus
Bauhofer. Seine Arbeit zeigt
Stilelemente der späten Gotik
und der Renaissance.*

staltete Peter Schmid mit Renaissancerahmen und Bogengiebel. Es wird von einem Ulmer Schild bekrönt.

1944 brannte das dreigeschossige Kornhaus vollständig aus.
Im Innern konnte nichts gerettet werden. Beim Wiederaufbau
verzichtete man darauf, das mächtige Satteldach erneut mit
Schleppgauben zu bestücken. Das Kornhaus dient heute als
Tagungs- und Kongressort der „UlmMesse". Im großen Saal
finden Konzerte, Vorträge und Tagungen statt. Das Foyer
bietet Raum für Ausstellungen und kleinere Veranstaltungen.

Aufs Ulmer **Zeughaus** (Zeughausgasse) stößt man im Viertel
„Auf dem Kreuz", am östlichen Rand der Altstadt. Das reichsstädtische Waffenarsenal wurde 1433 erstmalig erwähnt. Bis
zum 17. Jahrhundert wuchs hier – um einen Hof gruppiert –
der ausgedehnteste Baukomplex Ulms heran. In Kriegs- und
Krisenzeiten diente das Zeughaus auch als Ulmer Münzstätte.
Den Hof nutzten die Ulmer als Versammlungsort.

Die Baugruppe des Zeughauses wurde im Zweiten Weltkrieg
weitgehend zerstört. Die verbliebenen Mauern lassen die ehe-

*Vom größten Komplex reichs-
städtischer Ulmer Bauten –
dem Zeughaus – blieb lediglich
der repräsentative Löwenbau
erhalten.*

*Als ein Fragment des Zeughauses blieb das
Haupttor des Reiterbaus von 1596 erhalten.*

malige Größe noch erahnen. Erhalten ist nur der 1666/67
errichtete Löwenbau, der außerhalb des Hofgevierts stand.
Die Sgraffitoputzgliederung des dreigeschossigen Bauwerks
wurde erneuert. Das repräsentative Löwenportal der Westfassade ist erhalten: Darüber sieht man eine Nische mit einer
Terrakottafigur, die Herkules darstellt. Toskanische Säulen
stützen das Gewölbe der dreischiffigen Erdgeschosshalle.

Vom zerstörten Reiterbau des Zeughauses ist das Haupttor
erhalten. Peter Schmid schuf es 1596. Das königlich-württem-
bergische Wappen bekrönt das Tor, darüber lagern zwei Wilde
Männer. Am linken Rand der erneuerten Sgraffitoputzgliederung ist ein Steinrelief mit dem Reichsstadtwappen zu sehen.

Sämtliche reichsstädtischen Befestigungen, Wälle und Gräben
nahmen insgesamt ähnlich viel Fläche ein wie das bewohnte
Ulm. 1610 baute man auf der mittelalterlichen Stadtmauer an
der Nordseite Ulms die **Grabenhäuschen** am Seelengraben,
Frauengraben und Neuen Graben. Diese Häuserzeilen dienten
als Unterkünfte für Ulmer Stadtsoldaten. Besonders idyllisch
liegt heute die (nach wie vor bewohnte) Häuserreihe beim
Seelturm am Seelengraben. Ein **Soldatenstädtlein** entstand
1634 zudem am Henkersgraben westlich des Fischerviertels.

Die Grabenhäuschen auf der Stadtmauer unter dem Seelturm beim Seelengraben wurden 1610 als Unterkünfte für Ulmer Stadtsoldaten gebaut.

Ihr Weg zu Fuß (bis zu zwei Stunden)

Die hier beschriebenen reichsstädtischen Bauten (dem Rathaus widmet dieser Reiseführer ein eigenes Kapitel) besichtigt man am besten in Verbindung mit dem Weg ins Fischerviertel (Neuer Bau, Schwörhaus und Steuerhaus) oder der Besichtigung des Münsters (Neuer Bau, Büchsenstadel, Salzstadel, Kornstadel). Das Zeughaus und die Grabenhäuschen am Seelengraben liegen weiter abseits, die Besichtigung des Viertels „Auf dem Kreuz" lohnt aber ohnehin. Würde man die Reichsstadtbauten in der Reihenfolge besichtigen, in der sie auf den vorhergehenden Seiten vorgestellt werden, ergäbe dies einen gemütlichen, höchstens zweistündigen Spaziergang.

Tipps zum Weg zu den reichsstädtischen Bauten

· **Museen:** Im Schwörhaus (Weinhof 14) zeigt das „Haus der Stadt-geschichte" dienstags bis samstags eine Dauerausstellung (Eintritt frei). Im Salzstadel (Salzstadelgasse 10) öffnet das „Museum der Brotkultur" mit Ausnahme weniger Schließtage täglich.
· **Gastronomie:** Die Kornhausgasse mündet westlich des Kornhauses in die Pfluggasse. Dort bewirtet das seit 150 Jahren bestehende Restaurant „Pflugmerzler" (Pfluggasse 6) mit feiner Küche. Nah beim Kornhaus liegt das „Café im Kornhauskeller" (Hafengasse 19).

Neu-Ulm: die junge bayerische Schwester des baden-württembergischen Ulm

Ulm und Neu-Ulm bilden eine baden-württembergisch-bayerische Donau-Doppelstadt. Städtetouristen kommen zwar meist wegen des alten Ulm, doch auch das junge Neu-Ulm bietet einiges, was den Besuch lohnt. Nicht zuletzt die schönste Aussicht über die Donau auf Ulm, aber auch eine großzügige Parklandschaft um die Glacis-Anlagen der einstigen Bundesfestung.

Wo Neu-Ulm errichtet wurde, lagen einst die Krautgärten und Schießhäuser der Ulmer. Als die Reichsstadt 1810 von Bayern zu Baden-Württemberg kam, blieben die Siedlungen am rechten Donauufer bayerisch. Der Name „Neuulm" tauchte erstmalig 1814 auf. Unter König Ludwig I. von Bayern wurde die rasch wachsende Stadt in die von 1844 bis 1857 errichtete Bundesfestung Ulm einbezogen, Neu-Ulm wurde Garnisonsstadt. 1869 erhielt Neu-Ulm das Stadtrecht.

Heute ist Neu-Ulm die Kreisstadt des gleichnamigen Landkreises sowie ein prosperierender Wirtschaftsstandort mit

Bild oben: Der Wasserturm im Kollmannpark ist ein Wahrzeichen der bayerischen Stadt Neu-Ulm.

„Drei Männer im Boot" heißt die Skulptur des Bildhauers Edwin Scharff, die auf einem hohen Brunnenpfeiler vor dem Neu-Ulmer Rathaus platziert wurde.

mehr als 50 000 Einwohnern, der eng mit dem Nachbarn Ulm zusammenarbeitet. Ulm und Neu-Ulm nennen sich „Donau-Doppelstadt". Die Landesgrenze ist unsichtbar: Sie verläuft in der Mitte der Donau und der Brücken über den Fluss.

Die rechtwinklige Anlage der Straßenzüge verrät sofort, dass Neu-Ulm „am Reißbrett" entstanden ist. Neben dem (damals

Ein außergewöhnlich markanter Sakralbau ist die durch Dominikus Böhm bis 1927 umgebaute katholische Stadtpfarrkirche St. Johann Baptist.

*Der Lichteinfall verleiht dem Chor der Kirche
St. Johann Baptist eine mystische Atmosphäre.*

ebenfalls bayerischen) Ludwigshafen war Neu-Ulm die bedeutendste planmäßig angelegte bayerische Stadtgründung im 19. Jahrhundert. 1810 begann die Anlage der Siedlung „Ulm auf dem rechten Donauufer". Die erhaltenen Bollwerke der Bundesfestung, die ab 1842 in Ulm und Neu-Ulm gebaut wurden, sind heute ein markanter Bestandteil des Stadtbilds.

Der Stadtkern Neu-Ulms besteht aus regelmäßig rechteckigen Straßenzügen zwischen der Donauinsel und dem Bahnhof. Über dem zentralen Petrusplatz erhebt sich die **Petruskirche** (Schützenstraße 2): 1867 wurde die evangelische Stadtpfarrkirche als Garnisonskirche geweiht. Parallel dazu und östlich davon liegt der Rathausplatz. Vor dem Rathaus ragt die hohe Brunnenstele mit der Plastik ***Drei Männer im Boot*** des Bildhauers Edwin Scharff (1887 – 1955) zum Himmel. Das ***Edwin Scharff Museum*** (Petrusplatz 4) bei der Petruskirche zeigt in einer Dauerausstellung Gemälde, Skulpturen und Zeichnungen des in Neu-Ulm geborenen Künstlers.

Gegenüber dem Rathaus steht die katholische Stadtpfarrkirche ***St. Johann Baptist*** (Augsburger Straße 2). Der Bau ist eine

In den Glacis-Anlagen: Die Festungsbauten und Grünanlagen im Süden der Stadt rahmen das Zentrum Neu-Ulms in einem weiten Bogen.

architektonische Rarität: Die ursprüngliche, neuromanische Backsteinkirche entstand von 1857 bis 1860. Von 1922 bis 1927 wurde sie von dem renommierten Kirchenbaumeister Dominikus Böhm (1880–1955) umgestaltet. Das lichtdurchflutete Innere der Kirche gilt als einer der frühesten und bedeutendsten Versuche gotisierend-expressionistischer Sakralbaukunst. Der Markuslöwe auf dem Pfeiler vor dieser Kirche entstand in den Jahren 1926/27.

Zu den Neu-Ulmer Denkmälern zählen auch die Relikte der militärischen Vergangenheit dieser Garnisonsstadt. Über die Eisenbahnbrücke kommt man vom Ulmer Donauschwabenufer zum Neu-Ulmer Jahnufer und dort zum **Memminger Tor** (Bootshausstraße), bei dem die Hauptumwallung wieder an die Donau anschloss. Auf dem rechten Donauufer ist es das letzte erhaltene Festungstor. Von dort aus führt der Weg in den nahen, 1919 entstandenen **Kollmannpark**. Hier bekam 1900 ein früheres Pulvermagazin ein achteckiges Oberteil und eine Kuppel aufgesetzt und wurde zum Wasserreservoir umfunktioniert. Der **Wasserturm** (Turmstraße 62) im Kollmannpark ist ein Neu-Ulmer Wahrzeichen. Östlich davon schließen die weitläufigen **Glacis-Anlagen** an – dieses Gelände war 1980 Teil einer Landesgartenschau in Ulm und Neu-Ulm.

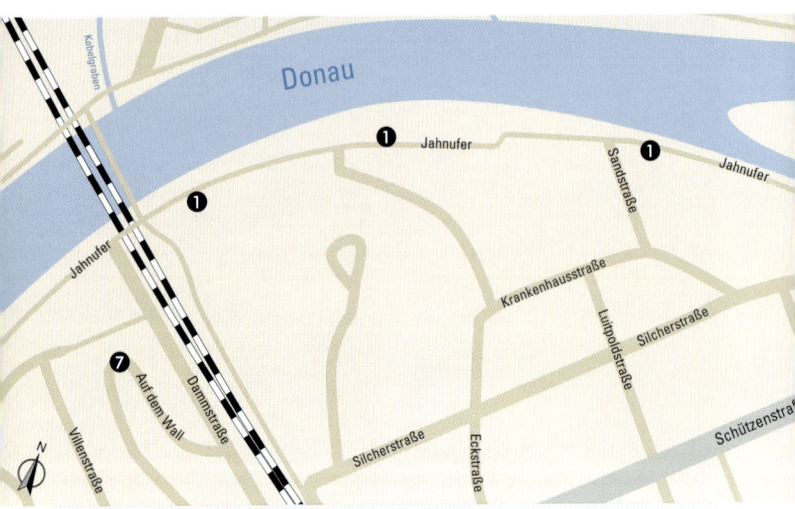

Ihr Weg zu Fuß (eigentlich drei Wege)

Die Neu-Ulmer Altstadt ist (nicht zuletzt aufgrund kerzengerader Straßen) recht überschaubar. Alles auf einmal abzulaufen, dauert manchen dann aber doch zu lang: Deshalb hier drei Wege, die sich gut kombinieren lassen. Immer lohnend ist der Spaziergang entlang des Donauufers. Am schönsten ist die Aussicht auf den Fluss und auf das benachbarte Ulm am ❶ Jahnufer, dem man bis zur Spitze der Neu-Ulmer Donauinsel – zum Kriegerdenkmal Edwin Scharffs am ❷ Schwal – folgen kann. Der Spaziergang dauert ungefähr eine Viertelstunde bis 20 Minuten.

Diese Route lässt sich – von der Donauinsel ausgehend – mit der Erkundung des Stadtzentrums von Neu-Ulm verbinden. Über die Marienstraße (direkt nach der Herdbrücke) kommt man ganz schnell zum Petrusplatz und zur dortigen ❸ Petruskirche sowie zu den benachbarten ❹ Neu-Ulmer Museen (das „Edwin Scharff Museum" und das „Kindermuseum"). ❺ St. Johann Baptist und das gegenüberliegende Rathaus, davor die Brunnenstele mit Edwin Scharffs Skulptur ❻ „Drei Männer im Boot" sind nur ein paar Schritte davon entfernt. Diesen Weg kann man in 15 bis 20 Minuten absolvieren.

Zurück zum Jahnufer: Von dort führt der Weg unter der Eisenbahnbrücke hindurch über die Dammstraße in die angrenzende Bootshausstraße, wo das ❼ Memminger Tor steht. Von hier sind es nur noch ein paar Schritte durch die Villenstraße bis zur „Römer-Villa", in den Kollmannpark sowie in die weitläufigen Glacis-Anlagen.

Tipps zum Weg durch Neu-Ulm

· **Übernachtung:** Das „Golden Tulip Parkhotel Neu-Ulm" (Silcherstraße 40) liegt eingebettet in die Grünanlagen am Jahnufer und
verwöhnt mit einem Panoramablick über die angrenzende Donau
auf die Ulmer Altstadt. Das Hotel verfügt über 135 Zimmer in vier
Kategorien sowie über ein Restaurant. Das Hotel „Römer-Villa"
ist ein kleines Drei-Sterne-Haus in einer stilvollen, zu Beginn des
20. Jahrhunderts am Glacis-Park erbauten Villa.

· **Gastronomie:** Die „Stephan's Stuben" in der Neu-Ulmer Bahnhofstraße sind ein ambitioniertes Feinschmeckerlokal – eines der
besten Restaurants in Neu-Ulm und Umgebung. Das Restaurant im
Hotel „Römer-Villa" bewirtet in angenehmem Ambiente.

· **Musik:** Auf der Freilichtbühne in den Glacis-Anlagen finden regelmäßig Konzerte statt. Programme dazu sind bei der Stadt Neu-Ulm
oder bei der Tourist-Information in Ulm erhältlich.

· **Baden:** Im Erlebnisbad „Donaubad Wonnemar" gibt es mehrere
große Rutschen, das „Wonniland" für die Kleinsten und einen
Strömungskanal für die Großen. Das „Donaufreibad Wonnemar"
bietet ein 50-Meter-Becken, bis zu zehn Meter hohe Sprungtürme
und ein Kinderbecken mit Babywasserrutsche.

· **Museen:** Das „Edwin Scharff Museum" in den Neu-Ulmer Museen
am Petrusplatz ist dem 1887 in Neu-Ulm geborenen Bildhauer
gewidmet. Neben Ernst Barlach, Georg Kolbe und Wilhelm Lehm-
bruck war Scharff in der ersten Hälfte des 20. Jahrhunderts einer
der bedeutendsten deutschen Bildhauer. Im gleichen Haus befindet
sich das einzige Kinder- und Jugendmuseum weit und breit.

Kloster Wiblingen: eine barocke Bibliothek und eine Kirche ohne Türme

Das Kloster Wiblingen ist buchstäblich „ein Kapitel für sich". Die Benediktinerabtei im heutigen Ulmer Stadtteil wurde 1093 von zwei Grafen von Kirchberg gegründet. Zwei spätmittelalterliche Grabdenkmäler in der Klosterkirche St. Martin erinnern an Nachfahren der Stifter. Im Zeitalter des Rokoko schufen baulustige Mönche eine der prunkvollsten barocken Klosterbibliotheken weit und breit.

Der 1927 eingemeindete Ulmer Stadtteil Wiblingen war einst der glanzvolle Mittelpunkt eines Klosterstaats. Das südlich der Ulmer Altstadt im Dreieck zwischen Iller und Donau gelegene Wiblingen wird bis heute optisch vom mächtigen Baukomplex der einstigen Benediktinerabtei beherrscht. Die Abtei war ab 1710 das Zentrum eines eigenständigen vorderösterreichischen Territoriums und übte seitdem in etlichen Dörfern im Umkreis die Niedere Gerichtsbarkeit aus. Mehr als 3000 überwiegend leibeigene Untertanen trugen mit ihren Abgaben den kleinen Klosterstaat und seine großen Bauvorhaben.

Bild oben: Vom Turm des Ulmer Münsters erkennt man die turmlose Kirche und den Konventsflügel des ehemaligen Benediktinerklosters Wiblingen.

1093 hatten die Grafen Otto und Hartmann von Kirchberg das Kloster Wiblingen gegründet. 1504 fiel die alte Grafschaft mit der Vogtei über die Benediktinerabtei an das Haus Österreich. Wiblingen blieb somit bis zur Säkularisierung im Jahr 1806 ein Stück Vorderösterreich. Seit 1508 waren die Fugger, die 1507 die Grafschaft Kirchberg mit dem Schloss im nahen Kirchberg (heute: Oberkirchberg in der Gemeinde Illerkirchberg) erworben hatten, Nachfolger der Grafen von Kirchberg als Klostervögte. 1701 kam es zur Loslösung des Klosters von der Vogtei und zur Erhebung in den vorderösterreichischen Mediatstand. Im Zuge der Säkularisierung wurde das Kloster 1806 aufgehoben. Der mächtige Baukomplex wurde zunächst als Schloss, seit 1848 als Infanteriekaserne der Bundesfestung Ulm genutzt. Heute beherbergen die Klosterbauten neben der Akademie für Gesundheitsberufe des Universitätsklinikums Ulm und einem Seniorenheim ein Klostermuseum in den früheren Gästeappartements im Konventsbau.

Als die Abtei nach der Loslösung von der Fuggergrafschaft Kirchberg zum selbstständigen vorderösterreichischen Territorium geworden war, begann man 1714 mit dem Neubau des Klosterkomplexes. Die Bauplanung des barocken Klosters

Die Tordurchfahrt und das pavillonartige Torhaus vor der Westfassade der Klosterkirche St. Martin: Die beiden Türme wurden nicht mehr vollendet.

Der Wiblinger Bibliothekssaal nimmt zwei Ge-schosse ein: Eine Galerie teilt die Bücherregale zwischen den Fenstern.

orientierte sich am Escorial, der königlichen Schloss- und Klosteranlage nah bei Madrid. Das dominierende und zentrale Bauwerk, die Abteikirche **St. Martin**, wurde von einem recht-eckigen Geviert klösterlicher Bauten eingerahmt. Dadurch entstanden zwei (fast) symmetrische Innenhöfe: Die heutige Pfarrkirche St. Martin liegt nicht exakt in der Mittelachse. Die Ursache dafür könnte sein, dass man die romanische Vorgän-gerkirche bis zur Fertigstellung des Neubaus nutzte. Vor der Westfassade der Kirche bilden das pavillonartige **Torhaus** und die langgestreckten Wirtschaftsgebäude einen weiten Vorhof.

Der Neubau des spätbarocken Klosters begann 1724/30 mit dem Nordwestflügel, der den **Gastbau** beherbergte. Danach entstand mit dem Nordflügel auch die **Bibliothek**. Der zwei-geschossige Bibliothekssaal war das prächtige Rokokogehäuse der kostbaren Büchersammlung des Klosters. Die Bände wur-den in offenen Bücherregalen aufbewahrt, die in die Wände zwischen den Fenstern eingelassen waren. In der Horizontalen wurden die Regale durch die umlaufende Galerie geteilt. 1757 besaß die Abtei 15 000 Bände: mehr als manche Universitäts-

Zwischen den Säulen unter den Balkonen der Bibliotheksgalerie verkörpern acht lebensgroße, geschnitzte und weiß gefasste Figuren die vier klösterlichen Tugenden sowie die vier Grunddisziplinen der weltlichen Wissenschaften.

bibliothek dieser Zeit. Den Stolz der Benediktinermönche auf ihre kostbare Sammlung dokumentiert eine Inschrift über dem Portal: Sie besagt, dass hier „alle Schätze der Weisheit und der Wissenschaft" zu finden seien. Das auf 1744 datierte Deckenfresko im Bibliothekssaal schuf der Weißenhorner Franz Martin Kuen (1719–1771). Der Maler stellte im Zentrum die Himmlische Weisheit, an den Rändern unter anderem Motive heidnisch-antiker und christlicher Wissenschaft dar.

Der Osttrakt – der sogenannte **Konventsflügel** mit dem Kapitelsaal – konnte bis 1759/60 bezogen werden. Damals

Zur Iller hin liegt der langgestreckte Konventsflügel des Benediktinerklosters. Der Münchner Baumeister Johann Michael Fischer errichtete wohl diesen Trakt, in dem auch der Kapitelsaal liegt.

Als eine der „reifsten Raumschöpfungen des Rokoko in Schwaben" bezeichnete ein Denkmalführer den Bibliothekssaal des Klosters Wiblingen. Die Bücherregale dieser Klosterbibliothek bargen einst 15 000 Bände.

Der Blick durch das Torhaus auf die Naturstein-
fassade der heutigen Pfarrkirche. Die beiden
Flankentürme wurden lediglich zu einem Drittel
der geplanten Höhe ausgeführt.

wurde ein Stück des Südflügels teilweise ausgeführt. Fertigge-
stellt wurde das unvollendete Konventsgebäude – nach alten
Plänen – von 1915 bis 1917. Damals war das Kloster noch
Kaserne und blieb es bis zum Ende des Zweiten Weltkriegs.

Die Grundsteinlegung für die neue Klosterkirche fand erst
1772 statt, 1783 wurde sie eingeweiht. St. Martin ist ein
Hauptwerk des süddeutschen Frühklassizismus, erbaut nach
Plänen Johann Georg Spechts und dessen Sohn Thomas. Die
beiden über Eck gestellten Kirchtürme blieben unvollendet.
Das Innere der St.-Martins-Kirche ist eine imposante Raum-
schöpfung mit monumentalen Abmessungen: Das Bauwerk
ist 72 Meter lang und 27 Meter breit. Die 1774 begonnene
hölzerne Dachkonstruktion gilt als technische Meisterleistung.
Sie zählt zu den Höhepunkten spätbarocker Zimmermanns-
kunst und überspannt den kompletten Kirchenraum.

Von 1778 bis 1783 leitete Januarius Zick (1730 – 1797), einer
der Hauptmeister der deutschen Malerei im Spätbarock, als
„Bau- und Verzierungsdirektor" die Ausstattung. Unter Zick
entstanden der Hochaltar und die Kanzel, Apostelfiguren so-

Mittelalterliches Meisterwerk der Bildhauerei in der frühklassizistischen Wiblinger Klosterkirche: das Grabmal Graf Eberhards V. von Kirchberg.

wie der Stuck und die Stuckmarmorierungen. Zick selbst schuf neben dem Hochaltarbild vier farbenprächtige Deckenfresken: Sie werden zu den bedeutendsten Werken württembergischer Freskenmalerei gezählt.

Am Chorbogen steht das **Triumphbogenkreuz**, das 1480/90 die Werkstatt Michel Erharts oder Niklaus Weckmanns schuf. Dieses fünf Meter hohe Kruzifix hing bis zum Bildersturm von 1531 im Münster: Dort findet man ein Replikat. In der Kirche entdeckt man mittelalterliche **Grabdenkmäler** wie die Grabplatte Graf Konrads IV. von Kirchberg (1417 gestorben) sowie das Doppelgrabmal Graf Eberhards V. von Kirchberg (1472 gestorben) und seiner Ehefrau Kunigunde von Wertheim.

Tipps zum Kloster Wiblingen

· **Besichtigung der Kirche:** Die ehemalige Wiblinger Abteikirche St. Martin ist täglich von 9 bis 18 Uhr (im Winter nur bis 17 Uhr) geöffnet. Infos unter Telefon 07 31/4 12 23.
· **Eintrittszeiten Bibliothek:** Der Bibliothekssaal im Kloster ist von Dienstag bis Sonntag und an Feiertagen von 10 bis 17 Uhr zu besichtigen (im Winter nur an Nachmittagen von 13 bis 16 Uhr).

Immer wieder stößt man in der Stadt auf Prominenz: auf den „Schneider von Ulm"– den Luftfahrtpionier Albrecht Ludwig Berblinger, auf Albert Einstein und die Geschwister Hans und Sophie Scholl. An die Geschichte der Donaustadt erinnern die Brunnen der Ulmer Wasserkunst und die Bauwerke der Bundesfestung. Auch der Ulmer Spatz ist an vielen Stellen im Stadtgebiet präsent.

Der Ulmer Spatz: das Original im Münster und eine „Spatzeninvasion" in der Stadt

Neben dem Ulmer Münster und dem „Schneider von Ulm" ist der Ulmer Spatz das dritte bekannte Wahrzeichen der Donaustadt, sozusagen ihr inoffizielles Wappentier. Auf den Ulmer Spatz stößt man in Ulm an allen Ecken und Enden – als steinerne Figur und als geschmiedeter Wirtshausausleger, bunt und süß, groß und klein. Den original Sandsteinspatz entdeckt man im Ulmer Münster.

Spätestens seit dem Jahr 2001 kann auch der ahnungsloseste Besucher der Stadt den Ulmer Spatz nicht mehr übersehen. Damals kam eine „Spatzeninvasion" über Ulm – mehr als 250 große, fantasievoll gestaltete und überwiegend bunt bemalte **Spatzenfiguren** zieren seitdem Straßen und Plätze sowie die Fassade diverser Geschäftshäuser. Der Erlös dieser Aktion kam seinerzeit der Sanierung des Münsters zugute.

Viele dieser Spatzen stehen für ein bestimmtes Thema oder werben nun für ihre Besitzer: Der Vogel vor der Musikschule

Bild oben: Seit der „Spatzeninvasion" von 2001 trifft man den Ulmer Spatz überall in der Stadt – so wie hier am Judenhof.

Im Ulmer Münster steht der original Sandstein-spatz vom Münsterdach in einer Glasvitrine.

beim Rathaus hält einen Notenschlüssel im Schnabel, einen Reisebürospatz gibt es seitdem ebenso wie einen Juwelier-spatz oder einen Bergsteigerspatz vor einem Sportgeschäft. Vor dem „Hotel Restaurant Ulmer Spatz" am Münsterplatz hält ein als Hotelpage gekleideter Vogel einen Koffer mit der Aufschrift „Zimmer frei" im Schnabel. Andere sind völlig zweckfrei, einfach nur bunt und witzig. Sogar dem in Ulm ge-borenen Albert Einstein hat man einen der Vögel gewidmet.

Der **Ulmer Spatz** in der Originalversion steht in einer Vitrine kurz nach dem Eingang in das Ulmer Münster. Der etwa einen halben Meter hohe Sandsteinspatz war ursprünglich 1858 auf dem Dach des Langhauses angebracht worden. Schon 1888

Am Marktplatz beim Rathaus weist ein bunt bemalter Spatz mit einem Notenschlüssel im Schnabel darauf hin, dass dort die Musikschule der Stadt Ulm unterrichtet.

Am Münsterplatz liegt das „Hotel Restaurant Ulmer Spatz". Ein Hotelpagen-Spatz begrüßt vor dem Eingang, der schmiedeeiserne Wirtshausausleger zeigt gleich zwei Ulmer Spatzen.

wurde er wieder abgenommen und 1889 durch einen vergoldeten kupfernen Vogel ersetzt. Der Sandsteinspatz auf dem Münsterdach hatte einen Vorgänger, der 1854 wegen Baufälligkeit entfernt worden war. Diese Giebelverzierung war aber wohl kein Spatz, sondern (es gibt verschiedene Theorien) ein Adler, eine Taube oder vielleicht sogar eine Dohle.

Eine solche – damals aus Hohlziegeln geformte – Figur wäre für eine romanische Kirche typisch gewesen: Möglicherweise ist der Spatzenvorgänger also schon von der früheren Ulmer Pfarrkirche auf freiem Feld vor den Stadtmauern auf das Dach des ab 1377 errichteten Münsters übertragen worden.

Auch die Legende um den Ulmer Spatz ist weit älter als das Sandstein-Original von 1858. Schriftlich belegt ist sie seit der ersten Hälfte des 19. Jahrhunderts, den Spottnamen „Ulmer Spatz" soll es aber schon im 16. Jahrhundert gegeben haben. Unklar wie die Entstehung dieser Legende ist ihr Inhalt: Demnach soll ein Spatz mit einem Strohhalm im Schnabel den Ulmern gezeigt haben, wie man einen Balken durchs Stadttor bringt, ohne den Bau abzubrechen – längs statt quer nämlich. Angesichts der Kunstfertigkeit der mittelalterlichen Ulmer ist der Ursprung dieser Legende völlig unverständlich. Die Ulmer

Auf vier große steinerne Spatzenskulpuren stößt man beim sogenannten Spatzenbad auf dem östlichen Münsterplatz.

lieben ihren Spatzen gleichwohl: süß und klein – aus Schoko-
lade oder Marzipan geformt – oder groß, modern und aus
Stein, wie beim **Spatzenbad** auf dem östlichen Münsterplatz.

Tipps zum Ulmer Spatz

· Süßer Spatz: Die Konditorei Mohrenköpfle (Kramgasse 1) beim
  Münster stellt nicht nur die „Ulmer Münster Spitzen" her, sondern
  auch Ulmer Spatzen aus Marzipan. Schokoladenspatzen werden
  in mehreren Ulmer Geschäften angeboten.
· Broschüre: Den zehnseitigen Faltprospekt zu Geschichte und Ge-
  schichten um den Ulmer Spatzen bekommt man kostenlos bei der
  Tourist-Information der Ulm/Neu-Ulm Touristik am Münsterplatz
  oder – zu den üblichen Öffnungszeiten – am Prospektspender im
  Lichthof des Rathauses.
· Übernachten und Essen: Das „Hotel Restaurant Ulmer Spatz"
  (Münsterplatz 27) liegt im Herzen von Ulm, nur ein paar Schritte
  vom Münster und vom Rathaus entfernt.
· Ulm spatzial: Derart prominent ist der Ulmer Spatz, dass die
  Ulm/Neu-Ulm Touristik ihr preiswertes Basis-Arrangement nach die-
  sem Vogel benannt hat. „ulm: spatzial" bietet zwei, drei oder vier
  erlebnisreiche Tage in der Donau-Doppelstadt – mit freier Fahrt in
  Bussen und Straßenbahn, Gratis-Stadtführung und kostenlosem
  Eintritt in ausgewählte Museen. Spatzen am Weg sind garantiert.

Das Ulmer „Röhrwasser": ein Wasserwerk und neun Brunnen sind die Denkmäler

Die Wasserversorgung des späten Mittelalters ist ein stolzes Kapitel der Ulmer Geschichte. Als man in Deutschland anfing, Wasser mit Pumpwerken in Wassertürme zu befördern und es von dort aus in Röhrbrunnen zu verteilen, war Ulm ganz vorn dabei. Ein Wasserwerk und neun kunstvoll gestaltete Brunnen sind die sehenswerten Denkmäler der frühen Ulmer Fließwasserversorgung.

Als die süddeutschen Städte im 14. und 15. Jahrhundert anfingen, Pumpwerke zur Wasserversorgung einzuführen, war das eine technische Revolution. Die pfiffigen Ulmer waren wie üblich ganz vorn dabei. Als erste Stadt Süddeutschlands nutzte Ulm 1340 einen Wehrturm als Wasserturm: Vier Kolbenpumpen beförderten Wasser in ein Hochbassin, von wo es in die in der Stadt verteilten Brunnen abfloss.

Einer der Wassertürme, die Ulm bis ins 19. Jahrhundert mit Fließwasser versorgten, ist noch zu sehen. 1638 stellte der

Bild oben: Der älteste erhaltene Röhrkasten der Wasserversorgung steht vor dem Rathaus. Der Fischkasten entstand bereits im Jahr 1482.

Der seit 1638 zum Wasserturm umfunktionierte Seelturm beim Zundeltor und das erhaltene Pumpwerkhaus, das damals erbaute Brunnenhäuslein, erinnern an die frühe Fließwasserversorgung der Reichsstadt.

Ulmer Stadtbaumeister Joseph Furttenbach im **Seelturm** ein Bassin auf, dem Wasser unter Druck vom danebenstehenden Pumpwerk zugeleitet wurde. Riesige Wasserräder in unterirdischen Gewölben betrieben die Pumpen, die das Grundwasser zu den Brunnenstuben hoben. Das dazu nötige Wasser lieferte die Blau – zugeführt durch den Stadtkanal. Diese Technik der Wasserhebung – und nicht etwa die Brunnen – bezeichnete man als „Wasserkunst". Das Seelhausbrunnenwerk war das jüngste der fünf Ulmer Brunnenwerke. Das von Furttenbach im Jahr 1638 unter dem Seelturm erbaute **Brunnenhäuslein** (in der Griesbadgasse beim Zundeltor) ist erhalten. Im Seelhausbrunnenwerk haben die Stadtwerke Ulm/Neu-Ulm ein **Wassermuseum** (Griesbadgasse 30) eingerichtet. Es erklärt die Geschichte der Ulmer Trinkwasserversorgung und ist – wie das unterirdische Glockenbrunnenwerk unter dem hundert Meter entfernten Anwesen Seelengraben 10 – nur im Rahmen von Führungen zu besichtigen.

Die frühe Ulmer Wasserversorgung lieferte Fließwasser für die öffentlichen Brunnen, die Röhrkästen: 16 steinerne und zehn hölzerne Brunnenkästen wurden 1760 aufgeführt. Ihre Tröge wurden später durch gusseiserne ersetzt. 1762 zählte man in Ulm 237 private Hausanschlüsse. Doch „Wasser frei Haus" war nur ein Luxus der Privilegierten: Röhrkästen versorgten die Allgemeinheit. Denkmäler der reichsstädtischen Wasserversorgung sind neun Brunnen (sieben mit farbig gefassten Figuren und Säulen) zwischen Schwörhaus und Gänsturm.

Der **Fischkasten** am Marktplatz, auch Syrlinbrunnen genannt, wurde als Marktbrunnen vor dem Rathaus aufgestellt. Er ist der älteste unter den Ulmer Brunnen. Über einem der

Auf dem Weinhof beim Schwörhaus steht der Christophorusbrunnen mit seiner spätgotischen Heiligenfigur. Der Hildegardbrunnen ist etwas versteckt im Hof des Neuen Baus aufgestellt.

sogenannten Wappner hat der Erbauer dieses Brunnens, wohl Jörg Syrlin d. J. (um 1455 – 1521), seinen Namen, sein Meisterzeichen und die Jahreszahl 1482 angebracht. Die dreieckige Fialsäule über dem zwölfeckigen Brunnenkasten hat aber wohl der Bildhauer Michel Erhart (um 1440/45 – 1522) geschaffen – eine spätgotische Steinmetzarbeit mit Astwerkstäben und drei Geharnischten (Originale im Ulmer Museum), deren Schilde den Reichsadler und das Ulmer Wappen zeigen. Dieser Brunnen wird Fischkasten genannt, weil die Fischer dort ihren Fang lebend in Netzen und Fischkästen anboten.

Die namensgebende Heiligenfigur über dem **Christophorusbrunnen** auf dem Weinhof beim Schwörhaus ist ungefähr so alt wie die Brunnensäule des Fischkastens. Der knapp zwei Meter große Christophorus auf der Brunnensäule entstand um 1480, zu ihrem Schöpfer gibt es verschiedene Annahmen. Die Figur stammte aus einer Ulmer Kirche. Erst gegen Ende des 16. Jahrhunderts stellte man den Heiligen auf die 1584 von Meister Claus Bauhofer geschaffene Brunnensäule. Das Original des Christophorus sieht man im Ulmer Museum.

Der Löwenbrunnen steht auf dem westlichen Münsterplatz. Östlich des Münsterchors sieht man den Georgsbrunnen an der Schuhhausgasse.

Der **Hildegardbrunnen** steht im Hof des Neuen Baus beim Münsterplatz. Claus Bauhofer schuf die Figur der seliggesprochenen Kaiserin Hildegard um 1591. Sie heiratete 771 Karl den Großen: Hildegards Mitgift war das Gebiet um Ulm. Der Standort des Brunnens könnte daher rühren, dass dort der Hof einer Patrizierfamilie lag, der in Ulm Kaiser- oder Königshof genannt wurde. Die Hildegardfigur sollte wohl die Tradition des Herrschaftssitzes betonen. Auf der zierlichen Brunnensäule steht ein Replikat (Original der Figur im Neuen Bau).

Gleich drei historische Brunnen entdeckt man beim Münster. Auf dem westlichen Münsterplatz wurde der **Löwenbrunnen** wiederaufgestellt. Ursprünglich war die Figur des gedoppelten Löwen um 1590 von Steinmetz Peter Schmid für den Münsterplatz geschaffen worden, ehe sie dort in den 1870er-Jahren abgebaut wurde und im 20. Jahrhundert dreimal umziehen musste. Der Doppellöwe mit den beiden Wappenschilden ist heute ein Replikat der im Krieg beschädigten Originalfigur.

Östlich des Münsters steht der **Georgsbrunnen** an der Schuhhausgasse. Hier plätscherte schon im 15. oder frühen 16. Jahr-

Detail am Delphinbrunnen vor der Valentins-
kapelle (links). Am Judenhof steht der Neptun-
brunnen, eine Schöpfung der Renaissancezeit.

hundert ein Brunnen. Die Brunnensäule für den geharnischten Heiligen schuf der Steinmetz Claus Bauhofer im Jahr 1580.

Vor der Valentinskapelle auf dem südlichen Münsterplatz spritzt der **Delphinbrunnen** aus mehr als 50 Düsen sich überkreuzende Fontänen. Er wurde im Jahr 2000 dort aufgestellt. Der Delphinbrunnen war ursprünglich kein Brunnen, sondern der „Auslaufhahn" des Glockenbrunnenwerks. 1585 schuf ihn der Augsburger Stadtgießer Wolfgang Neidhart. Den Namen hat der Brunnen von acht Delfinen auf dem Brunnenrand, deren Schwänze sich kronenförmig mit der Brunnensäule (auf ihr steht eine kleine Figur des Meeresgotts Neptun) verbinden.

Einen weit größeren Neptun sieht man auf dem nahen Judenhof. Wann der **Neptunbrunnen** entstand, ist nicht bekannt, 1597 zeigt ihn ein Vogelschauplan von Ulm. Der Ulmer Steinmetz Samuel Moll hat wohl die Renaissancefigur geschaffen.

Vor der Dreifaltigkeitskirche (Grüner Hof) stand der **Peters-kasten** spätestens seit 1540. Das spätgotische Standbild des heiligen Petrus kam 1583 auf die wohl von Claus Bauhofer gehauene Renaissance-Brunnensäule. Die Brunnenfigur über

Der Petrus des Peterskastens steht seit 1583 vor der Dreifaltigkeitskirche. Beim Gänsturm hat man 1624 den rätselhaften Erbiskasten aufgestellt.

dem achteckigen gusseisernen Wasserkasten ist längst eine Kopie. Der Peterskasten stand zunächst in der Frauenstraße und erinnert nun an die 1583 abgebrochene Peterskapelle.

Vom 1924 beim Gänstor aufgestellten **Erbiskasten** weiß man wenig. Auf der Säule hält ein steinerner Löwe zwei Wappenschilde in den Tatzen. Doch früher bekrönte sie eine Kugel in Erbsenform – daher der Name. Die Herkunft des Löwen ist nicht bekannt. Die Brunnensäule (heute eine Kopie) stammt wohl von 1571.

Tipps zum Ulmer Wasser

· **Wassermuseum:** Das von den Stadtwerken Ulm/Neu-Ulm betriebene Wassermuseum im ehemaligen Seelhausbrunnenwerk ist nicht jederzeit zugänglich. Expertengruppen, Reisegruppen ab 15 Personen oder Schulklassen erhalten nach Voranmeldung eine gut halbstündige Führung. Kontakt: Stadtwerke Ulm/Neu-Ulm (Telefon 07 31/1 66-00, Mail: marco.koch@swa.de).

· **Literatur:** Gut lesbar ist der kleine Band „Ulms lebendige Wasser. Brunnengeschichte(n) aus sieben Jahrhunderten", verfasst von Wolf-Henning Petershagen (Herausgeber: Stadtarchiv Ulm).

Zum „Schneider von Ulm": die Adlerbastei erinnert an einen genialen Flugpionier

Seine Zeitgenossen verspotteten Albrecht Ludwig Berblinger, den „Schneider von Ulm", nachdem der Flugpionier 1811 bei seinem öffentlichen Flugversuch mit einem selbstgebauten Hängegleiter in die Donau gestürzt war. Ein Roman hielt die Erinnerung an diesen genialen, längst rehabilitierten Erfinder und Mechaniker aufrecht. Heute erinnert in Ulm nicht nur die Adlerbastei an Berblinger.

Albrecht Ludwig Berblinger (1770 – 1829) wurde in ärmlichen Verhältnissen als siebtes Kind seiner Familie in Ulm geboren. Als er 13 Jahre alt war, starb sein Vater: Man gab das Kind in ein Waisenhaus. Uhrmacher hätte Berblinger werden wollen, doch sein Waisenvater ließ ihn eine Schneiderlehre beginnen.

Mit 21 Jahren – fünf Jahre vor der üblichen Zeit – wurde Berblinger Meister. Doch abseits seines Broterwerbs galt sein Interesse weiter der Mechanik. Er entwickelte und verkaufte Kinderwagen, Pferdeschlitten und selbst ein Klavier für Anfänger. Schließlich konstruierte Berblinger sogar orthopädi-

Bild oben: Von einem Gerüst auf der Adlerbastei sprang Albrecht Ludwig Berblinger im Jahr 1811.

Eine moderne Installation vor der Backsteinmauer der Adlerbastei erinnert mit einer überdimensionalen Schere an den „Schneider von Ulm".

sche Hilfsmittel: 1808 entwickelte er für einen Ulmer Stadtsoldaten, dem ein explodierender Böller den Fuss abgerissen hatte, eine „künstliche Fußmaschine". Es war die erste Beinprothese mit Gelenk. Seine Konstruktion hätte den Ulmer Schneidermeister angesichts tausender in den Napoleonischen Kriegen verkrüppelter Soldaten reich machen können, doch er wurde herb enttäuscht. Der allgewaltige bayerische Staatsminister Montgelas – von 1802 bis 1810 gehörte Ulm zum Königreich Bayern – erlaubte 1809 Berblinger zwar den Bau und Verkauf von Prothesen, jede öffentliche Werbung dafür wurde ihm aber untersagt.

Nun wandte sich Berblinger dem Fliegen zu. Seit die Gebrüder Montgolfier 1783 mit einem Heißluftballon aufgestiegen waren, tüftelten europaweit Flugpioniere an unterschiedlichsten Flugmaschinen. Ein vierstündiger Flug glückte beispielsweise 1810 dem Wiener Uhrmacher Jakob Degen mit einer Kombination aus Hängegleiter und Wasserstoffballon.

Am 28. April 1811 veröffentlichte Berblinger in der in Stuttgart erscheinenden Tageszeitung „Schwäbische Kronik" ein Inserat. Mit dieser Annonce kündigte er das Ausstellen seiner

Ein Nachbau des Hängegleiters von Albrecht
Ludwig Berblinger hängt im Lichthof des Ulmer
Rathauses. Dort kann man ihn besichtigen.

„FlugMaschine" in einem Wirtshaussaal an. Nach der „unsäg-
lichen Mühe in der Zeit mehrerer Monate, mit Aufopferung
einer sehr beträchtlichen Geld-Summe und mit Anwendung
eines rastlosen Studiums der Mechanik" war ihm der Bau seines Flugapparats geglückt. Heimliche Flugversuche mit einem
Hängegleiter führte er im aufgelassenen Weinberg am Ulmer
Michelsberg durch. Die Südlage des Hangs sorgte für günstige
Aufwinde. Berblinger schaffte es, die jeweils doppelte Flug-
weite seiner Absprunghöhe zu erreichen.

Im Mai 1811 besuchte König Friedrich von Württemberg
erstmals seine neu gewonnene Stadt Ulm. Die Ulmer wollten
vor ihrem neuen Herrscher glänzen und baten Berblinger, in
Anwesenheit des Königs einen Flugversuch zu unternehmen.
Weil der Michelsberg vor den Toren der Stadt lag, wählte man
jedoch die **Adlerbastei** als Absprungort. Da die Donau hier
40 Meter breit ist, ließ Berblinger die 13 Meter hohe Bastei
um ein sieben Meter hohes Holzgerüst erhöhen, um so die
notwendige Abflughöhe zu erzielen. Am geplanten Flugtag
brach ein Flügel, der König reiste ab. Doch vor den im Ulm
gebliebenen Angehörigen des Königshauses wurde der Flugversuch am 31. Mai 1811 wiederholt. Weil das relativ kühle

Auf der Adlerbastei wurde diese Gedenktafel in den Boden eingelassen: Sie erinnert an Berblinger und an den Ulmer Schriftsteller Max Eyth.

Wasser der Donau Fallwinde entstehen ließ, stürzte Berblinger dabei wie ein Stein in den Fluss.

Da er den Hohn und die Spottverse seiner Mitbürger nicht ertragen wollte, verließ Berblinger für einige Jahre die Stadt. Erst 1816 kehrte er zurück: Sein Haus musste er wegen hoher Schulden verkaufen, wegen seiner Trunksucht verlor er das Bürgerrecht. Nach dem Tod seiner Frau im Jahr 1820 heiratete er 1822 ein zweites Mal. Als Albrecht Ludwig Berblinger 1829

In der Grünanlage bei der Adlerbastei steht das
Denkmal für den Schriftsteller Max Eyth.

im Spital starb und in einem Armengrab bestattet wurde, war
er längst zu einer Spottfigur geworden, über die man höhnte:
„D'r Schneider von Ulm hat's Fliega probiert | No hod'n d'r
Deifel en d' Donau nei g'führt". Dass Berblingers Flugapparat
bei besserer Thermik wohl funktioniert hätte, bewies 1986,
175 Jahre nach dem Sturz in die Donau, ein Flugwettbewerb.
Einem Teilnehmer gelang es trotz der bekannt ungünstigen
Bedingungen, von der Adlerbastei aus mit einem historisch
korrekten Fluggerät das Neu-Ulmer Flussufer zu erreichen.

An der Absprungstelle auf der Adlerbastei hat man im Boden
eine gusseiserne **Gedenkplatte** eingelassen. Sie trägt den
Text: „Albrecht Ludwig Berblinger | 1770 – 1829 | versuchte
hier im | Jahr 1811 den ersten | Segelflug mit selbst- | gefertig-
ten Flügeln | Max Eyth verewigte | ihn in seinem Buch | ‚Der
Schneider von | Ulm'." Allerdings irren die Ulmer mit der Be-
hauptung, Berblinger habe den „ersten Segelflug mit selbst-
gefertigten Flügeln" gewagt. Denn schon in den Jahren vor
1660 war der Schuhmacher Salomon Idler in Augsburg mit
einem Flugversuch gescheitert.

Ein steinernes **Denkmal** mit dem Porträtrelief des Ingenieurs
und Schriftstellers Max Eyth hat man wenige Schritte von der
Gedenkplatte für Berblinger entfernt in der Grünanlage auf
der Adlerbastei aufgestellt. Eyth brachte 1906 seinen Roman

Als 1910 der Teichmann-brunnen in der Sattlergasse beim Rathaus entstand, sah man Berblinger noch als eine komische Figur. Am Brunnen wurde der „Schneider von Ulm" deshalb neben dem „Kuhhirten" und dem „Spatza-metz" als eines von drei Ulmer Originalen dargestellt.

„Der Schneider von Ulm. Geschichte eines zweihundert Jahre zu früh Geborenen" heraus. 1978 wurde die Geschichte des „Schneiders von Ulm" sogar verfilmt.

Im Lichthof des Ulmer Rathauses hängt heute ein **Nachbau des Hängegleiters** von Berblinger und erinnert an den Flug-pionier. Von der Adlerbastei führt die Berblingerstraße zur Gänstorbrücke. Das feine Hotel **Schiefes Haus** wirbt heute damit, dass die mittellose verwitwete zweite Ehefrau des ver-armten Schneiders im seinerzeit heruntergekommenen Fach-werkhaus an der Blau wohnte. Als Ulmer Original wird der „Schneider von Ulm" seit 1910 am **Teichmannbrunnen** nahe dem Rathaus dargestellt – eine heute sicher überholte Sichtweise. Nicht zuletzt trifft man alle vier Jahre beim Ulmer Fischerstechen auf die Figur des „Schneiders von Ulm".

Tipps zum „Schneider von Ulm"

· **Broschüre:** Den zehnseitigen Prospekt zum Leben des Flugpioniers Albrecht Ludwig Berblinger („Der Schneider von Ulm") erhält man bei der Tourist-Information der Ulm/Neu-Ulm Touristik am Münster-platz und am Prospektspender im Lichthof des Rathauses.

· **Besichtigung:** Im Lichthof des Ulmer Rathauses hängt der Nach-bau eines Hängegleiters, den so auch Berblinger konstruiert haben könnte. Das Rathaus steht zu den behördenüblichen Öffnungs-zeiten für die Besichtigung offen.

· **Literatur/Film:** Die Geschichte des „Schneiders von Ulm" erzählen der Roman von Max Eyth sowie weitere Bücher zur Vita Albrecht Ludwig Berblingers. Die Lebensgeschichte des Ulmer Flugpioniers zeigt auch ein auf DVD erhältlicher Film von Edgar Reitz, der 1978 produziert wurde.

Die Bundesfestung Ulm – die Bauten eines Bollwerks beiderseits der Donau

Zwischen 1844 und 1859 wurde die Bundesfestung Ulm gebaut. Bis zu 100 000 Soldaten sollten in dieser zentralen Verteidigungsanlage des Deutschen Bundes an der Donau zusammengezogen werden. Bastionen, Glacis-Anlagen und Forts prägen Ulm und Neu-Ulm bis heute. An die bewegte Geschichte der Bundesfestung erinnert ein Festungsweg, ein Festungsmuseum und eine KZ-Gedenkstätte.

Als Teil einer neuen Friedensordnung nach dem Ende der Napoleonischen Kriege entstand im Jahr 1815 beim Wiener Kongress der Deutsche Bund. Der neue Staatenbund sicherte seine Grenzen gegen Frankreich durch den Bau von Bundesfestungen in Mainz und Rastatt, Landau und Luxemburg. Bundesfestungen nannte man diese militärischen Sperrriegel, weil sie vom Deutschen Bund finanziert wurden und ihre Besatzungen von Staaten des Bundes gestellt wurden.

Auch in Ulm entstand eine Bundesfestung. Doch anders als die Grenzfestungen sollte Ulm die Basis einer im Südwesten

Bild oben: Das Reduit des Forts Oberer Kuhberg,
eines der Verteidigungswerke der Bundesfestung.

Der Neu-Ulmer Wasserturm, das Wahrzeichen der Stadt, wurde über den Fundamenten ehemaliger Pulvermagazine in den Glacis-Anlagen erbaut.

Deutschlands operierenden Armee sein. Von hier aus sollten im Kriegsfall Truppen über den Rhein gegen Frankreich ziehen.

Nach langjähriger Planung wurde die Bundesfestung Ulm zwischen 1844 und 1859 erbaut. Damals entstand die größte Bundesfestung Deutschlands – ein Sammelplatz für bis zu 100 000 Soldaten. Die Ulmer Befestigungen trugen neuesten Vorstellungen des Festungsbaus Rechnung. Dazu zählten die langen, geraden Mauer- und Wallzüge, die stumpfwinklig aufeinanderstoßen, sowie mehrgeschossige Kasemattbauten für Geschütze, welche die langen und geraden Gräben bestreichen sollten. Die Straßen führten durch die sechs großen Festungstore der Hauptumwallung, die Eisenbahn dampfte durch fünf stark gesicherte Durchfahrten. Die ganze Festung bestand im Prinzip aus zwei Teilen: Der erste war die polygonale Hauptumwallung um Ulm und Neu-Ulm, der zweite ein weit davor errichteter Gürtel von Außenforts. Diese Forts sollten direkte Angriffe auf die Hauptumwallung behindern und zugleich Stützpunkte für verteidigende Truppen bilden.

In Ulm bauten die Württemberger, geplant vom preußischen Major Moritz von Prittwitz und Gaffron (1795 – 1885). Die Baumaßnahmen im bayerischen Neu-Ulm verantwortete

*Die ab 1844 erbauten Bollwerke auf der Ulmer
Donauseite – wie zum Beispiel die Wilhelmsburg –
wurden vor allem in Kalkstein ausgeführt.*

Major Theodor Ritter von Hildebrandt (1791 – 1859). Die
Bauten beiderseits der Donau unterscheidet ihre Bau- und
Zählweise. In Ulm nummerierte man die Werke und Forts in
lateinischen Zahlen, in Bayern zählte man sie mit arabischen
Ziffern. Die Fassaden der Ulmer Festungsbauten dominieren
Kalksteinblöcke aus dem nahegelegenen Blautal. Wichtigster
Baustoff in Neu-Ulm waren dagegen Ziegel, die in den nahen
Ziegeleien gebrannt worden waren. Nur bei den Verzierungen
und Gesimsen kam sparsam Kalkstein zum Einsatz.

Dass Neu-Ulm 1869 das Stadtrecht erhielt, verdankt es wie die
rechtwinklig angelegten Straßenzüge im heutigen Zentrum
und seine beiden Pfarrkirchen seiner Funktion als Garnisonsstadt. Doch auch Ulm hat – abgesehen von den erhaltenen
wuchtigen Festungsmauern – der Bundesfestung vieles zu
verdanken. So brachte der Festungsbau derart viel Geld in
die Stadt, dass man an den Weiterbau des bis 1890 fertig-
gestellten Westturms des Münsters denken konnte.

1848 verdienten mehr als 8000 Menschen beim Festungsbau
ihr Brot, der Eisenbahnbau beschäftigte noch einmal 2000
Arbeiter. Der Bau des Bollwerks förderte die rasch wachsende

Im bayerischen Neu-Ulm waren gebrannte Ziegel der Hauptbaustoff der Bundesfestung.

Zementindustrie in Ulm, wo der Apotheker Gustav Leube 1838 das erste Zementwerk Deutschlands gegründet hatte. Ulm wuchs rasch: Hatte man bei Beginn der Bauarbeiten gerade mal 16 231 Einwohner gezählt, waren es 1890 rund 36 000.

Ironie der Geschichte: Als die Bundesfestung Ulm 1859 fertiggestellt war, war sie schon veraltet. Mit dem Aufkommen gezogener Rohre für Artilleriegeschütze hatten sich deren Reichweiten verdreifacht. Die Außenforts lagen dadurch nicht mehr weit genug vor der Hauptumwallung der Bundesfestung: Sie hatten ihre strategische Funktion verloren. Nur sieben Jahre später war darüber hinaus auch noch der Deutsche Bund am Machtkampf zwischen Preußen und Österreich zerbrochen. Mit der Gründung des Deutschen Reichs wurde die Bundesfestung Ulm im Jahr 1871 zu einer „Reichsfestung".

Dass die Bauten der Bundesfestung einen sehr gedrungenen Gesamteindruck hinterlassen, ist ebenfalls der Verbesserung der Geschützrohre geschuldet. Hoch aufragende und deshalb gut anvisierbare Festungsteile wurden abgetragen und zudem gewölbte Schutzräume errichtet. Die Reichsfestung wurde in den folgenden Jahrzehnten bis 1914 immer wieder verbessert und erweitert. 1938 wurde der Festungsstatus aufgehoben. Direktem Beschuss waren die Festungsbauten niemals ausgesetzt gewesen, weshalb noch relativ große Teile der an die

**Erhaltene Bauwerke
der Bundesfestung Ulm
am Festungsweg in Ulm**

① Wilhelmsburg
② Kienlesbergbastion
③ Blaubeurer Tor
④ Ehinger Tor
⑤ Obere Donaubastion
⑥ Untere Donaubastion
⑦ Fort Friedrichsau
⑧ Fort Safranberg
⑨ Fort Albeck
⑩ Fort Prittwitz
⑪ Fort Oberer Eselsberg Hauptwerk
⑫ Fort Oberer Eselsberg Nebenwerk
⑬ Fort Unterer Eselsberg
⑭ Fort Söflinger Turm
⑮ Infanteriestützpunkt Gleißelstetten
⑯ Fort Oberer Kuhberg
⑰ Fort Mittlerer Kuhberg
⑱ Fort Unterer Kuhberg

**Erhaltene Bauwerke
der Bundesfestung Ulm
am Festungsweg in Neu-Ulm**

⑲ Caponniere 8
⑳ Bastion 7
㉑ Caponniere 6
㉒ Bastion 5
㉓ Caponniere 4
㉔ Bastion 3
㉕ Caponniere 2
㉖ Vorwerk 12
㉗ Ludwigsvorfeste Vorwerk 13
㉘ Vorwerk 14

　■ original erhalten
　■ eingeschränkt erhalten
　■ zerstört

Wilhelmsburg

Obere
Donaubastion

Donau

Donau

Iller

Quellen: Die Bundesfestung Ulm, Hrsg. Stadt Ulm | Der Festungsweg, Hrsg. Stadt Ulm

*Schier endlos lang wirkende Gänge führen durch
54 Kasematten im Ulmer Fort Oberer Kuhberg,
wo ein Museum zur Bundesfestung informiert.*

beiden Städte verkauften Militäranlagen erhalten sind. Den ausgedehnten **Glacis-Anlagen** – ehemals das frei gehaltene Schussfeld vor den Gräben – verdanken Ulm und Neu-Ulm einen nahezu geschlossenen Grüngürtel um beide Altstädte.

So erholsam der Aufenthalt im Grün der Glacis-Anlagen sein mag, so anstrengend wäre der Versuch, sämtliche weit verstreuten Anlagen der Bundesfestung Ulm im Rahmen einer touristischen Entdeckertour zu Fuß erkunden zu wollen. Den Gesamtüberblick verschafft man sich sicherlich bequemer über Broschüren, Literatur oder das Internet.

Zu Fuß lässt sich immerhin der **Festungsweg** absolvieren, der sich über mehr als zwölf Kilometer – großteils durch das Grün der Ulmer und Neu-Ulmer Glacis-Anlagen – entlang der Hauptumwallung zieht. Dieser mit zahlreichen Informationstafeln ausgeschilderte Weg informiert zu markanten Festungswerken im Verteidigungsring. Ein zentraler Informationspunkt bei der Wilhelmsburg vermittelt grundlegendes Wissen zur Bundesfestung.

Die **Wilhelmsburg** und die **Wilhelmsfeste**, das nördlich über dem alten Ulm am Michelsberg gelegene Werk XII der Bundes-

Martialisch wirkt dieses Geschütz im Fort Oberer Kuhberg. Die Bundesfestung war jedoch niemals das Ziel feindlicher Angriffe.

festung – bildeten die Zitadelle (also den letzten Rückzugsort) der Bundesfestung. Am 18. Oktober 1844 wurde hier im Fundament des Kehlturms der Grundstein für die Bundesfestung am „linken Donauufer" gelegt. Der Innenhof dieses Bauwerks mit seinen mehr als 550 Räumen ist derart groß, dass das Ulmer Münster darin Platz finden würde.

Weit westlich der Ulmer Altstadt liegt das **Fort Oberer Kuhberg**, das von 1848 bis 1857 errichtet wurde. Dort gewährt das Festungsmuseum des Förderkreises Bundesfestung Ulm Einblicke in Anlage und Funktionsweise des Festungswerks. Hinter den Mauern führen lange Gänge durch 54 Kasematten und 24 Infanteriekasematten in der westlichen Grabenaußenwand. Rund 4000 Quadratmeter umbauter Raum machen nur ein Zehntel der Fläche von Wällen und Gräben des Forts aus.

Es gehört zur Geschichte des weitläufigen Forts Oberer Kuhberg, dass hier von 1933 bis 1935 „Schutzhäftlinge" inhaftiert waren. Mehr als 600 Gegner des NS-Regimes aus dem Land Württemberg-Hohenzollern wurden dort festgehalten. Der prominenteste „Schutzhäftling" war der Sozialdemokrat Kurt Schumacher, der spätere Wiederbegründer der SPD in Deutschland. Im ehemaligen Konzentrationslager unterhält heute der Verein Dokumentationszentrum Oberer Kuhberg Ulm eine Gedenkstätte. Die Bauten, in denen das Konzentrationslager eingerichtet wurde, sind erhalten. Zu sehen sind unterirdische Verliese der „Schutzhäftlinge", das Freigelände mit der Haftzelle Kurt Schumachers und die Räume der damaligen KZ-Kommandantur.

Nur ein Jahrzehnt später lag das „Tausendjährige Reich" in Trümmern. Bauten der Bundesfestung hatten den Ulmern im Zweiten Weltkieg als Luftschutzbunker gedient. Nach Kriegsende nahmen die Bauwerke der Bundesfestung tausende Heimatvertriebene und Flüchtlinge aus Osteuropa und dem Osten Deutschlands auf. Die Werke und Kasernen dienten lange Zeit als Flüchtlingslager und Notwohnungen. Erst in den 1960er-Jahren wurden die letzten Lager aufgelöst. Damals begann die Jugendszene, leerstehende Räume in dem Festungsbollwerk für ihre Aktivitäten zu nutzen.

Auch das Reduit, der verstärkte Rückzugsbau der **Oberen Donaubastion** (Schillerstraße, neben der Donau westlich der Altstadt bei der Adenauerbrücke) war nach dem Zweiten Weltkrieg als Notunterkunft genutzt worden. Dort erinnert das Donauschwäbische Zentralmuseum an die vom Ende des 17. bis zur zweiten Hälfte des 19. Jahrhunderts in die Länder des Königreichs Ungarn ausgewanderten Deutschen.

Die Ulmer Schachtel vor der Oberen Donaubastion weist aufs Donauschwäbische Zentralmuseum hin.

Tipps zur Bundesfestung Ulm

· **Bundesfestung Ulm im Internet:** Die Website des Förderkreises Bundesfestung Ulm e. V. informiert ausführlich zur Entstehung und zum Bau des Festungskomplexes um Ulm und Neu-Ulm. Eine Karte verdeutlicht, wie die Bundesfestung 1860 aussah und was von ihr übrig geblieben ist (www.bundesfestung-ulm.de).

· **Führungen:** Der Förderkreis Bundesfestung Ulm e. V. setzt sich als gemeinnütziger, ehrenamtlich arbeitender Verein für die Erhaltung der Gebäude ein. Der Förderkreis bietet Führungen zu Stationen der Bundesfestung an. Jeden ersten Sonntag im Monat um 14 Uhr veranstaltet dieser Verein eine öffentliche Führung im Festungs- museum Fort Oberer Kuhberg (Am Hochsträß, keine Anmeldung erforderlich). Auf der Wilhelmsburg (Prittwitzstraße 100) bietet der Förderkreis an jedem dritten Sonntag im Monat um 11 Uhr eine öffentliche Führung an. Eine Anmeldung ist auch hier nicht nötig. Der Verein organisiert auf Anfrage Gruppenführungen. Mehr dazu unter www.bundesfestung-ulm.de. Weitere Führungen und eine Festungs-Bustour bietet die Ulm/Neu-Ulm Touristik an.

· **Gedenkstätte:** Die KZ-Gedenkstätte des Dokumentationszentrums Oberer Kuhberg Ulm e. V. zeigt in ihrer Dauerausstellung Fotos und Dokumente zum Ulmer KZ, zu den „Schutzhäftlingen" und ihren Aufsehern. Der Verein Dokumentationszentrum Oberer Kuh- berg öffnet die Gedenkstätte für Einzelbesucher jeweils sonntags von 14 bis 17 Uhr und bietet zudem an Sonntagen um 14.30 Uhr Führungen an. Mehr darüber im Internet (dzokulm.telebus.de).

· **Theater:** Alle zwei Jahre macht das Theater Ulm die Wilhelmsburg zur sommerlichen Open-Air-Bühne. Eine überdachte Tribüne bietet 1500 Zuschauern Platz (www.theater.ulm.de).

· **Museum:** Das Donauschwäbische Zentralmuseum (Schillerstraße 1) dokumentiert die Geschichte der Donauschwaben in der Oberen Donaubastion (www.dzm-museum.de).

· **Literatur:** In seinem Buch „Die Bundesfestung Ulm. Deutschlands größtes Festungsensemble" beschreibt Matthias Burger auf 352 Seiten das Baudenkmal und seine Geschichte. 740 Abbildungen – Fotos und Zeichnungen – zeigen die Anlagen.

· **Broschüren:** Zur Bundesfestung gibt es gleich zwei gut gestaltete Prospekte: Die zwölfseitige Broschüre „Die Bundesfestung Ulm" ist bei der Tourist-Information sowie im Rathaus kostenlos erhältlich. Ebenfalls bei der Tourist-Information zu haben ist ein Faltprospekt mit dem Titel „Der Festungsweg": Seine Beschreibungen und eine Karte leiten auf der mehr als 13 Kilometer langen Gesamtstrecke.

Albert Einstein: der „relative Ulmer" ist der berühmteste Sohn der Donaustadt

Nur 15 Monate hat der 1879 in Ulm geborene Nobelpreisträger Albert Einstein in der Donaustadt gelebt. Weil Ulm seine Geburtsstadt ist, ist er trotz dieser relativ kurzen Spanne der berühmteste Ulmer aller Zeiten. Zwischen Bahnhofstraße und Zeughaus erinnern etliche Denkmäler an Einstein und seine Ulmer Vorfahren.

Sein Name wurde quasi zum Synonym für ein Genie. „Einstein war nicht nur ein großer Naturwissenschaftler, er war auch ein großer Mensch. Er war ein Symbol für den Frieden in einer Welt, die auf den Krieg zusteuerte. Er blieb gesund in einer kranken Welt, und er blieb liberal in einer Welt voller Fanatiker." Das sagte der britische Mathematiker und Philosoph Bertrand Russell über den Physiker und Nobelpreisträger. Albert Einstein ist nicht nur einer der bekanntesten Erdenbürger aller Zeiten, er ist auch Ulms bekanntester Sohn.

Dass sich Einstein nur ganz kurz und ungefragt – schließlich handelte es sich um seine ersten 15 Lebensmonate – in Ulm

Bild oben: 1984 wurde der Einstein-Brunnen auf dem Platz beim Zeughaus aufgestellt.

Das Einstein-Monument in der Ulmer Bahnhofstraße erinnert mit seiner Inschrift an den Ort, an dem Einstein im März 1879 geboren wurde.

aufgehalten hat, spielt dabei keine Rolle. Geboren wurde Albert Einstein am 14. März 1879 in der Bahnhofstraße 20. Doch schon im Juni 1880 zog seine Familie nach München.

Einsteins Geburtshaus wurde im Zweiten Weltkrieg zerstört. In den Belag der Bahnhofstraße hat man den Grundriss seines Geburtshauses eingelassen. In dieser Straße stellten die Ulmer 1982 auch das **Einstein-Monument** auf. Geformt wird das Denkmal von 24 Granitquadern: die zwölf stehenden als

Wenige Schritte vom Einstein-Monument entfernt entdeckt man auch ein Porträtrelief.

*In einem Fachwerkhaus mit dem Namen „Eng-
länder" betrieb Albert Einsteins Vater Hermann
bis 1880 eine Bettfedernhandlung.*

Symbol für den Tag und zwölf liegende für die Nachtstunden. An einem vertikalen Quader hat man die Inschrift angebracht: „Hier stand das Haus | in dem am 14. März 1879 | Albert Einstein | zur Welt kam". Das Monument schuf der Schweizer Künstler Max Bill (1908–1994). Wenige Schritte davon entfernt ist vor der Wand des Hauses am westlichen Anfang der Bahnhofstraße ein **Bronzerelief** angebracht, das ein Porträt Einsteins abbildet. Diese Gedenktafel trägt die Aufschrift: „A gift from the people of India through Calcutta Art Society."

Auch im Zentrum von Ulm bezeugen zwei Stationen die Beziehung Ulms zu Albert Einstein sowie die Geschichte seiner Ulmer Familie. Auf dem Weinhof – nur ein paar Schritte vom Schwörhaus entfernt – steht der **Engländer** (Weinhof 19). Seinen Namen erhielt dieser Fachwerkbau nach der früheren Herberge „Zum König von England". An seiner Schaufront, der Nordseite, ist eine **Gedenktafel** angebracht. Sie belegt, dass im Haus seit der Zeit um 1865 die Bettfedernhandlung „Israel & Levi" untergebracht war. An der Firma war bis 1880 Albert Einsteins Vater Hermann beteiligt gewesen. Er wurde später ein Pionier der Elektrotechnik. Auch Albert Einsteins Großmutter Helene Einstein lebte zwischen den Jahren um 1870 bis 1880 im ersten Obergeschoss des „Engländer".

*Im Münster bildet das Fenster der Verheißung
Albert Einstein in einer Reihe mit den Gelehrten
Kopernikus, Kepler, Galilei und Newton ab.*

Selbst im Münster entdeckt man die Spuren des legendären
Genies und seiner Ulmer Familie. Albert Einsteins Vater war
Mitglied der Ulmer Synagogengemeinde, die zum 500. Jubi-
läum der Grundsteinlegung des Münsters im Jahr 1877 die
Figur des Propheten Jeremia stiftete. Diese Statue, die
auf der Kanzelseite des Hauptschiffs unter der großen Orgel
steht, wurde wie weitere überlebensgroße Skulpturen auf den
Pfeilerkonsolen von dem in Ulm geborenen Hofbildhauer Karl
Federlin (1854 – 1939) geschaffen.

Ein stilisiertes Porträt, den Namen und die berühmte Formel
Einsteins ($E = mc^2$) findet man im Ulmer Münster im Kirchenfenster gleich nach dem Eingang auf der rechten Seite. Glasmalereien im 1985 eingebauten **Fenster der Verheißung**
stellen im Zentrum den Urknall, umgeben vom Kosmos der
Sonnen, Sterne und Planeten, dar. Darunter sind die Gesichter
und Namen der berühmtesten Naturwissenschaftler abge-
bildet, die sich mit Theorien zur Bewegung der Planeten aus-
einandergesetzt haben. Ihre Namen entdeckt man über der
Reihe ihrer Porträts: Nikolaus Kopernikus, Johannes Kepler,
Galileo Galilei, Isaac Newton und Albert Einstein. Rechts über
der Darstellung des Urknalls zeigen Glasmalereien die Welt-
bilder und bekannte Formeln dieser Naturwissenschaftler. Das

*Albert Einsteins berühmte
Formel in der Glasmalerei
des Fensters der Verheißung
im Ulmer Münster.*

auf den Erkenntnissen von Kopernikus basierende heliozentrische Weltbild Galileos und Keplers Planetengesetze, darunter Newtons Formel des freien Falls sowie die berühmte Formel Albert Einsteins: $E = mc^2$ – Energie ist gleich Masse mal Lichtgeschwindigkeit zum Quadrat.

„Albert Einstein: Genie, Visionär und Legende" – so ein Buchtitel – hat man in Ulm, dessen Ehrenbürgerschaft er 1949 mit Blick auf die während des Nationalsozialismus in Deutschland an Juden begangenen Verbrechen ablehnte, im Lauf der Zeit etliche Denkmäler gesetzt. **Einsteinhaus** heißt das moderne Gebäude neben dem Kornhaus, in dem die Ulmer Volkshochschule (Kornhausplatz 5) zu Hause ist. Im ersten Stock des Einsteinhauses entdeckt man eine Fotoausstellung zum Leben Albert Einsteins. An der Albert-Einstein-Allee liegt das Universitätsklinikum am Oberen Eselsberg, im Stadtteil Söflingen die Einstein-Straße, im Stadtteil Wiblingen wird im Albert-Einstein-Gymnasium unterrichtet. Anlässlich der „Spatzeninvasion" von 2001 entstand ein Einstein-Spatz, der zunächst am Judenhof nah dem Münster aufgestellt war. Der Einstein-Spatz steht heute (sehr versteckt) auf dem Gelände des evangelischen Kindergartens bei der Adlerbastei.

Das populärste Einsteindenkmal Ulms steht vor dem Behördenzentrum auf dem Platz beim Zeughaus: Der von Bildhauer Jürgen Goertz 1984 geschaffene **Einstein-Brunnen** wird aus einem Raketenstumpf, einem Schneckenhaus und dem Kopf Einsteins gebildet. Der im Schneckenhaus sitzende Albert Einstein streckt die Zunge heraus: Vorbild für dieses Motiv ist das bekannte „Zungenbild", das anlässlich des 72. Geburtstags Albert Einsteins im März 1951 in Princeton aufgenommen wurde. Dass das Foto so berühmt wurde, lag am Nobelpreis-träger selbst: Er verschickte es häufig an Freunde, Bekannte und Kollegen. Der tragende Raketenstumpf versinnbildlicht die Eroberung des Alls sowie die atomare Bedrohung, das Schneckenhaus steht für die Natur und die Skepsis in Bezug auf die Beherrschbarkeit der Technik. Dieses despektierliche Denkmal hätte Einstein wohl gefallen.

Gefallen hätte Albert Einstein – durch Geburt ein Mitglied der Ulmer jüdischen Gemeinde – sicherlich auch, dass die Stadt Ulm 2009 den Neubau einer Synagoge am Weinhof, nahe dem Platz der während der „Reichskristallnacht" im November 1938 geschändeten und noch im selben Jahr abgebrochenen Synagoge, beschloss. Das von Nationalsozialisten zerstörte jüdische Gotteshaus war 1873 auf dem Gelände der heutigen Sparkasse am Weinhof erbaut worden.

Die mittelalterliche, 1241/42 erstmals belegte Ulmer jüdische Gemeinde hatte eine Synagoge im Judenhof erbaut. Doch 1499 wurden die Juden aus Ulm verwiesen, danach konnten erst seit 1806 wieder Angehörige des jüdischen Glaubens in die Donaustadt ziehen. In der Zeit des Nationalsozialismus wanderten viele der damals 530 Ulmer Juden aus, mehr als 110 jüdische Mitbürger kamen bei Deportationen ums Leben. Heute zählt die jüdische Gemeinde rund 450 Ulmer zu ihren Mitgliedern.

Tipps rund um Albert Einstein

· **Broschüre:** Die achtseitige Broschüre zu Albert Einstein und sei-nem Verhältnis zu Ulm („Einstein – der relative Ulmer") erhält man gratis bei der Tourist-Information der Ulm/Neu-Ulm Touristik am Münsterplatz und am Prospektspender im Lichthof des Rathauses.
· **Ausstellung:** Die Dauerausstellung zu Albert Einstein im Einstein-haus (Volkshochschule Ulm, Kornhausgasse 5) ist während der üb-lichen Öffnungszeiten (www.vh-ulm.de) zu besichtigen.
· **Mit Einstein laufen:** Der Einstein-Marathon hatte im Jahr 2005 Premiere und zählt seither (jeweils im September) zu den jährlichen Großveranstaltungen in Ulm und Neu-Ulm. Mehr als 10 000 Teil-nehmer machen mit. Dabei werden ein Halbmarathon, ein Citylauf sowie Jugend- und Kinderläufe ausgerichtet – ein Teil der Starter absolviert sogar die ganze Marathondistanz über 42,195 Kilometer.

Im Haus Münsterplatz 33 lebten von 1939–1942 Hans und Sophie Scholl mit ihren Eltern und Geschwistern.

Mit ihrem Freundeskreis 'Die Weiße Rose' widersetzten sie sich dem Terror des Nationalsozialismus und wurden am 22. Februar 1943 vom Volksgerichtshof zum Tode verurteilt und hingerichtet.

Die Geschwister Hans und Sophie Scholl: zu den Ulmer Spuren der „Weißen Rose"

Die Geschwister Hans und Sophie Scholl waren mutige Mitglieder der Widerstandsgruppe „Die Weiße Rose". 1943 wurden sie denunziert und hingerichtet. An diese beiden Widerstandskämpfer, aber auch an weitere Mitglieder der Familie Scholl erinnern heute mehrere Gedenkstätten in der Donaustadt – zum Beispiel auf dem Münsterplatz sowie auf dem zentralen Hans-und-Sophie-Scholl-Platz in der „Neuen Mitte".

Neben dem im 50 Kilometer entfernten Jettingen 1907 geborenen Claus Philipp Maria Schenk Graf von Stauffenberg, der am 20. Juli 1944 das misslungene Attentat auf Adolf Hitler verübte, sind die Ulmer Hans (1918 – 1943) und Sophie Scholl (1921 – 1943) die wohl bekanntesten deutschen Widerstandskämpfer gegen die NS-Diktatur. Wie Schenk Graf von Stauffenberg waren auch die Geschwister Scholl zunächst begeisterte Anhänger des Nationalsozialismus. 1942 schlossen

Bild oben: Eine Gedenkstele des Ulmer Designers Otl Aicher auf dem Münsterplatz erinnert an den Widerstand der „Weißen Rose", die Geschwister Hans und Sophie Scholl und ihre Familie.

Zwei von Otl Aicher modellierte Gedenkbüsten im Stadthaus am Münsterplatz zeigen Porträts der Geschwister Hans und Sophie Scholl.

sich die beiden jedoch in München der Widerstandsgruppe „Die Weiße Rose" an. Als sie am 18. Februar 1943 regimekritische Flugblätter aus dem zweiten Stock der Universität München in die Eingangshalle warfen, wurden Hans und Sophie Scholl von einem Hausmeister beobachtet und bei der Gestapo denunziert. Die Verhafteten wurden schon am 22. Februar 1943 vom „Volksgerichtshof" unter der Leitung des berüchtigten „Blutrichters" Roland Freisler zum Tod verurteilt. Noch am selben Tag wurden die Geschwister im Gefängnis München-Stadelheim mit der Guillotine enthauptet.

In Ulm hatten Hans und Sophie Scholl, die in Ingersheim bei Crailsheim beziehungsweise in Forchtenberg (Hohenlohekreis) geboren worden waren, erst seit 1932 gelebt. Hier hatten die beiden ab 1933 Führungspositionen beim Deutschen Jungvolk beziehungsweise beim Jungmädelbund eingenommen. Ab 1935 hatten sich die Geschwister vom Nationalsozialismus abgewendet. Hans und Sophie waren bereits 1937 für etliche Stunden festgenommen worden. Durch ihre Freundschaft mit Otl Aicher, dem später international bekannten Ulmer Designer und Gründungsmitglied der Ulmer Hochschule für Gestaltung, gerieten sie schließlich mit katholischen Widerstandskreisen in Kontakt. Der Vater der beiden, der regime-

*Nach Hans und Sophie Scholl wurde 2006
der Platz zwischen Rathaus und „Neuer Mitte"
benannt. Dort steht eine gläserne Gedenkstele.*

kritische Wirtschaftsprüfer und Steuerberater Robert Scholl,
wurde 1942 wegen kritischer Äußerungen über den „Führer"
mit Berufsverbot belegt und zu vier Monaten Gefängnis verurteilt. Im Mai 1943 wurde er wegen des Hörens von „Feind-
sendern" zu 18 Monaten Gefängnis verurteilt. Nach einer
Hetzkampagne der Ulmer Presse zog die Familie Scholl 1944
vorübergehend in den Schwarzwald. Von Juni 1945 bis 1948
war Robert Scholl Oberbürgermeister von Ulm. Unter anderem mit dem späteren Bundespräsidenten Gustav Heinemann

*Im Erdgeschoss des Einstein-
hauses am Kornplatz sieht man
während der Öffnungszeiten
der dortigen Volkshochschule
eine kleine, gut gestaltete Ausstellung zu den Geschwistern
Scholl und ihren Mitstreitern
in der Widerstandsgruppe „Die
Weiße Rose".*

gründete Scholl 1952 die Gesamtdeutsche Volkspartei, der bis zur Auflösung im Jahr 1957 auch der nachmalige Bundespräsident Johannes Rau, der spätere Bundesminister Erhard Eppler und der bayerische Schriftsteller Carl Amery angehörten.

Robert Scholls Tochter Inge (1917 – 1998) heiratete 1952 Otl Aicher. Sie gründete 1946 die Ulmer Volkshochschule als eine der ersten deutschen Volkshochschulen nach dem Krieg und war zudem an der Konzeption der Ulmer Hochschule für Gestaltung beteiligt. Werner (1922 – 1944), der jüngere Bruder von Hans, Sophie und Inge Scholl, starb an der Ostfront. Die 1920 geborene Elisabeth Scholl heiratete im Herbst 1945 Fritz Hartnagel, den früheren Verlobten ihrer Schwester Sophie.

Der Designer Otl Aicher gestaltete zwei der Gedenkstätten, die in Ulm an die Geschwister Scholl und den Widerstand der „Weißen Rose" erinnern. Seine **Stele zum Gedenken an die „Weiße Rose"** steht auf dem Münsterplatz. Aufgestellt wurde sie vor der Deutschen Bank: Hier bewohnte Familie Scholl von 1939 bis 1944 ein im Zweiten Weltkrieg zerbombtes Haus. Im benachbarten Stadthaus stehen etwas versteckt zwei von Otl Aicher gestaltete **Bronzebüsten** von Hans und Sophie Scholl.

Im Haus Olgastraße 139 hatte Familie Scholl in den Jahren zwischen 1933 und 1939 gewohnt. Das Foyer im heutigen **Geschwister-Scholl-Haus** (ein Gesundheitszentrum) beherbergt Gedenktafeln und eine Gedenkstätte. Eine gläserne **Gedenkstele zu Ehren der Geschwister Scholl** findet man auf dem zentralen Platz der „Neuen Mitte" beim Rathaus, der 2006 den Namen **Hans-und-Sophie-Scholl-Platz** erhielt.

Tipps zu den Spuren von Hans und Sophie Scholl

· Gedenkstätte: Im Einsteinhaus (Volkshochschule Ulm, Kornhausgasse 5) ist an den Werktagen die Ulmer „DenkStätte Weiße Rose" mit der Dauerausstellung „wir wollten das andere – Jugendliche in Ulm 1933 bis 1945" zu besichtigen (Montag bis Freitag von 8 bis 22 Uhr, am Samstag von 8 bis 15 Uhr). Zur Dauerausstellung und zu temporären Ausstellungen informiert www.vh-ulm.de.

· Broschüren: Ein Prospekt mit dem Titel „Die Geschwister Scholl" ist kostenlos bei der Tourist-Information der Ulm/Neu-Ulm Touristik und am Prospektspender im Lichthof des Rathauses erhältlich.

Zum guten Schluss ein paar ganz praktische Hinweise für alle Besucher der Donau-Doppelstadt Ulm/Neu-Ulm. Sie beantworten Fragen wie: Wo finde ich die passende Übernachtungsmöglichkeit? Wo schmecken Essen und Trinken, wo bewirtet die ganz feine Küche? Was bieten die Ulmer und Neu-Ulmer Museen? Und schließlich: Wann lohnt es sich ganz besonders, die beiden Donaustädte zu besuchen?

Übernachten: vom „schiefsten Hotel der Welt" bis zu Tagungshotels am Donauufer

Ein Hotel zählt in Ulm zu den prominentesten Sehenswürdigkeiten der Stadt: Das Schiefe Haus hat es als „schiefstes Hotel der Welt" ins Guinnessbuch der Rekorde geschafft. Dort ein Zimmer zu bekommen, ist wohl nicht immer leicht. Die Ulm/Neu-Ulm Touristik führt jedoch auf ihrer Website noch fast 50 weitere Hotels auf: Man nächtigt hinter Fachwerk oder modernen Fassaden, mitten in der Altstadt oder mit Blick auf die Donau.

Elf Zimmer bietet das **Hotel Schiefes Haus** an der Blau. Das historische, denkmalgeschützte Gebäude aus dem Jahr 1443 liegt im historischen Fischerviertel und wurde 1995 renoviert. So schief ist dieses ehemalige Fischerhaus, dass die Böden in den Zimmern des Fachwerkbaus einen Höhenunterschied von bis zu 40 Zentimetern aufweisen. Die Betten stehen immerhin gerade – ein einzigartiges Erlebnis.

Ebenfalls im idyllischen Fischerviertel und ebenfalls ein Unikat ist das Hotel im liebevoll sanierten **Schmalen Haus**. Dieses im

Bild oben: Das wohl bekannteste Hotel Ulms beherbergt im Schiefen Haus im Fischerviertel.

Nur drei Zimmer, aber eine reizvolle Übernachtungsmöglichkeit: das Schmale Haus.

16. Jahrhundert erbaute viergeschossige Fachwerkhaus bietet gerade mal drei Zimmer mit Frühstück: Für ein Restaurant ist hier kein Platz. Alt-Ulmer Charme versprüht auch das **Hotel Reblaus**, ein Fachwerkbau von 1651 in der Kronengasse direkt neben dem Ulmer Rathaus. Ein Haus mit bis 1413 zurück-

Am Fachwerkgiebel des „Hotels Reblaus" ist die Jahreszahl 1651 zu lesen.

Das „Hotel Bäumle" liegt in der stillen Kohlgasse unweit des Doms. Dieses kleine Haus blickt auf eine 600-jährige Tradition zurück.

reichender Tradition ist das **Hotel Bäumle**: Das Gasthaus mit 15 individuell eingerichteten Zimmern liegt in der heimeligen Kohlgasse nahe dem Ulmer Münster. Noch näher am Münster schläft man in den 38 Zimmern des **Hotels Ulmer Spatz**. An seiner Fassade begrüßen ein Ausleger mit zwei Spatzen und – seit der „Spatzeninvasion" von 2001 – ein Hotelpagen-Spatz.

Die zwei größten Hotels in Ulm und Neu-Ulm liegen direkt an der Donau: Das **Maritim Hotel Ulm** bietet 287 Zimmer. Am Neu-Ulmer Donaufer steht das **Golden Tulip Parkhotel**: Ein Teil der 84 Zimmer bietet die Aussicht auf die Ulmer Altstadt. Das Stadtzentrum von Ulm ist von hier aus nur zehn Minuten entfernt. Mit Blick auf den Unteren Ausee im Ulmer Naherholungsgebiet Friedrichsau beherbergt das Hotel **Lago**. Das moderne Haus am Rand der Innenstadt bietet 60 Zimmer.

Hinweise für Übernachtungsgäste

· **Website:** Zu Hotels, Pensionen und Ferienwohnungen in Ulm und Neu-Ulm informiert die übersichtliche Website der Ulm/Neu-Ulm Touristik (www.tourismus.ulm.de). Über diese Website finden Rollstuhlfahrer und Menschen mit Behinderungen barrierefreie Übernachtungsmöglichkeiten.

· **Wohnmobilstellplatz:** Der P+R-Parkplatz beim Donaustadion an der Friedrichsau bietet circa 50 Stellplätze sowie eine Ver- und Entsorgungsstation. Der Aufenthalt ist dort auf höchstens drei Tage beschränkt, dafür aber kostenlos.

· **Jugendherberge:** Am südwestlichen Stadtrand von Ulm liegt die Geschwister-Scholl-Jugendherberge (Grimmelfingerweg 45). Dort stehen neben 28 Zimmern mit 114 Betten auch vier Zimmer für Lehrer und Betreuer zur Verfügung. Mehr zur Jugendherberge im Internet (ulm.jugendherberge-bw.de).

Historisches Brauhaus
Drei Kannen

Mit den Drei Kannen – Historisches Brauhaus betreibt die Hasmann Gastronomie GmbH seit 2008 eine über Jahrhunderte gewachsene Gaststättentradition weiter. Dieses Traditionslokal ist die Heimat für dieses schwäbische und durchaus ambitionierte, gastronomische Konzept. Erstmalig erbaut wurde dieses Gebäude im Jahr 1550 und wegen seines stattlichen Aussehens häufig „Schlößle" genannt.

Für die heutige Nutzung war das Jahr 1832 ein ganz entscheidendes. Durch ein Dekret der Königlichen Regierung für den Donaukreis vom 14. Oktober 1831 wurde die „dingliche Gerechtigkeit" zu einer Bierbrauerei erlassen. Ab dieser Zeit fand diese Braustätte und beliebte Einkehr einen regen Zuspruch bei der Ulmer Bevölkerung. Bei dem vor 30 Jahren erfolgten Neubau wurde das Konzept geändert und der Braubetrieb eingestellt. Ein auf das Drei Kannen Bier ausgerichtetes Gasthaus wäre ohne diesen geschätzten Gerstensaft nur eine nicht authentische Hülle. Deshalb hat sich die Gold Ochsen-Brauerei gerne bereit gefunden, das „Drei Kannen Bier" nach überlieferten Rezepturen weiter zu brauen. In den Drei Kannen –

Historisches Brauhaus wird schwäbische Tradition mit Ulmer Prägung gepflegt und durch das einzigartige und ausschließlich dort zu findende „Drei Kannen Bier" abgerundet.

Ob gut bürgerliches Restaurant mit einer Küche, wie sie viele noch von ihrer Großmutter kennen, wie saure Nierle und Kutteln, oder ambitionierte Küche mit internationalen Genüssen mit feinen Menüs und Büffets, beides bieten die „Drei Kannen. Für Ihre Feier grillen wir Ihnen auch gerne ein ganzes Spanferkel am Spieß.

Für die eiligen Mittagsgäste gibt es von Montag bis Freitag zwei preisgünstige Mittagsgerichte. Die wöchentlich wechselnde Wochenkarte garantiert Frische und Abwechslung der Speisekarte.

Die verschieden Stuben mit 20 -75 Sitzplätzen bieten für Ihre Firmen- oder Familienfeier den idealen Rahmen. Im Sommer bietet der wohl schönste Biergarten in Ulm eine Oase der Ruhe und Entspannung mitten in der Ulmer Innenstadt. Besuchen Sie uns doch schon mal auf unserer Homepage und holen sich Appetit. Das „Drei Kannen-Team" freut auf Ihren Besuch!

Hasmann Gastronomie GmbH · Hafenbad 31/1 · 89073 Ulm
Tel.: 07 31/6 77 17 · Fax: 07 31/15 33 99 9 · www.DreiKannen.de

Essen und Trinken: zwischen Alt-Ulmer Gemütlichkeit und stylischem Ambiente

Essen und Trinken in Ulm und Neu-Ulm, das heißt: die Qual der Wahl zwischen modernen Restaurants und Bars in der „Neuen Mitte", Alt-Ulmer Gastwirtschaften im Fischerviertel oder lauschigen Biergärten an der Donau. Was nicht wenige Ulmer und Neu-Ulmer Gastronomiebetriebe gemeinsam haben, ist ein reizvolles Drumherum mit nicht selten schöner Aussicht.

Wenn es um die höchstgelegene Gastronomie geht, hat das Panorama-Restaurant im **Maritim Hotel** gute Chancen auf den Spitzenplatz. Die vermutlich spektakulärste Aussicht bietet jedoch wohl das Restaurant **Bella Vista** am Münsterplatz von seiner Terrasse im vierten Stock: den ulmweit besten Blick (und zwar von oben) auf das benachbarte Ulmer Münster. Die Aussicht auf die Kirche genießt man (von etwas weiter unten) auch vom **Café-Restaurant im Stadthaus**. Es bewirtet ebenfalls auf dem Münsterplatz – im (und vor dem) Stadthaus des amerikanischen Stararchitekten Richard Meier.

Bild oben: Eine spektakuläre Aussicht aufs Ulmer Münster bietet ein Terrassenplatz im Restaurant „Bella Vista".

Einst war die „Krone" eine noble Kaiserherberge. Heute bewirtet ein Restaurant im Innenhof des historischen Baukomplexes an der Kronengasse.

Zur besonders zentralen Gastronomie – in diesem Fall zwar ebenfalls sehr schick und modern, allerdings im historischen Gewölbe des Ulmer Rathauses – gehört der **Ratskeller**. Bei sommerlichen Temperaturen speist man hier gern vor den Südgiebeln des Rathauses und mit Blick auf den Fischkasten. Lediglich ein paar Schritte sind es von dort in die angrenzende Kronengasse: Sie ist nach der **Krone** benannt – der seit 1320 bekannten und somit ältesten Gaststätte Ulms. Im Sommer wird hier im sehenswerten Innenhof bewirtet. Er wird von drei Gebäuden umgeben, die im 16. und 17. Jahrhundert errichtet wurden. Die geschichtsträchtige „Krone" war eine Nobelherberge, in der Kaiser Sigmund von Luxemburg, der

Im Kellergewölbe des Ulmer Rathauses empfängt der fein gestaltete „Ratskeller" unter anderem mit gehobener schwäbischer Küchenkunst.

Die „Forelle" in der Fischergasse ist die traditions-reichste Gastwirtschaft des Fischerviertels.

Habsburgerkaiser Maximilian I. und dessen Bruder, König Ferdinand I., ebenso logierten wie der böhmische Reformator Jan Hus oder der Dichter und Journalist Christian Friedrich Daniel Schubart.

Von der „Krone" aus ist das Fischerviertel nur wenige Schritte entfernt. Abgesehen von einer Fülle weiterer Gastwirtschaften und einer hohen Kneipendichte steuern Gäste dort gerne die Ulm-typische Gastronomie an, wo Maultaschen mit Kartoffel-salat zu den traditionellen Standardgerichten zählen. Ältestes Gasthaus im Fischerviertel ist das Restaurant **Zur Forelle** in der Fischergasse – bereits 1626 bewirtete hier eine Schank-wirtschaft. Das Gebäude aus dem 15. Jahrhundert beherbergt eine urgemütliche holzvertäfelte Gaststube mit einer Decken-höhe von nicht einmal zwei Metern. Die „Forelle", unschwer am Wirtshausausleger zu erkennen, serviert an sommerlichen Tagen unter freiem Himmel an der „Häuslesbruck".

Nur ein paar Schritte davon – am Fischerplätzle – ist eine Ulmer Schachtel das Motiv eines Wirtshausauslegers. Dort bewirten die **Gaststuben im Zunfthaus der Schiffleute** mit regionaler Küche – mit Spätzle, Maultaschen und Sauren

Der Wirtshausausleger der „Gaststuben im Zunfthaus der Schiffleute" zeigt eine Ulmer Schachtel.

Kutteln – in drei offenen Etagen im Innern, im Sommer auch unter freiem Himmel vor der Fachwerkfassade. Am nördlichen Rand des Fischerviertels empfängt in der Gerbergasse das **Restaurant Bierwirtschaft Zur Lochmühle**. In der 1356 erstmals genannten ehemaligen Mühle an der Blau wird gleichfalls typisch schwäbische Küche serviert – an warmen Tagen auch hier unter freiem Himmel. In der Nachbarschaft liegt das **Gerber-Haus** (Weinhofberg) beim „Saubrückle". Im (und im Sommer vor dem) namensgebenden Gerberhaus aus dem 16./17. Jahrhundert wird heute feinere schwäbische wie internationale Küche aufgetischt.

Die feine Gourmetküche findet man in Ulm zum Beispiel im **Lago hotel & restaurant am see**. Das moderne Restaurant in der Friedrichsau ist derzeit wohl die erste Adresse für den Feinschmecker, da dort Sternekoch Klaus Buderath verwöhnt. Seit dem Jahr 1995 zieht es Feinschmecker in die Neu-Ulmer **Stephans-Stuben** – dieses Restaurant wird in sämtlichen namhaften deutschen Gourmetführern genannt. Eine lange Tradition – 150 Jahre – und feine Küche verbinden sich im **Restaurant Pflugmerzler** in der Pfluggasse beim Ulmer Kornhaus. Und im Neu-Ulmer Stadtteil Reutti verwöhnt das 4-Sterne-Hotel **Meinl** mit feiner internationaler Küche. Sie

In der Pfluggasse beim Ulmer Kornhaus finden Gourmets mit dem Restaurant „Pflugmerzler" eine feine und traditionsreiche Adresse.

mundet im neuen Gartenrestaurant „Peunt" mit Blick durch große Glasfronten ins Freie oder auf einer Frischluftterrasse mit Panoramablick auf Ulm und Neu-Ulm.

Mit Aussicht vom jungen Neu-Ulm auf das alte Ulm lockt das Restaurant im **Golden Tulip Parkhotel**. Man sitzt hier im Wintergarten-Restaurant oder auf der Sonnenterrasse. Den Ausblick auf die Donau bieten übrigens auch mehrere Restaurants und Biergärten an der zentralen Herdbrücke.

Der wohl prominenteste Biergarten Ulms ist das historische Brauhaus **Drei Kannen**, wo seit 1831 gebraut wird – und das früher im Volksmund „Ulmer Hofbräuhaus" genannt wurde. Vom Münsterplatz leitet die Straße „Hafenbad" zu diesem Biergarten, wo man vor einem spektakulären Hintergrund bewirtet wird: Am Hof steht eine zweigeschossige Gartenloggia mit grazilen Holzarkaden und fein stuckierten Decken. Die Loggia erinnert an das 1550 errichtete, im Zweiten Weltkrieg zerstörte „Schlössle" der Patrizierfamilie Weickmann. Das nach einem Hausrezept gebraute Bier wird im Biergarten in der „Drei Kannen"-Karaffe serviert. Drei Kannen sieht man auch an der Fassade des gutbürgerlichen Restaurants.

Hausgebrautes Bier schenkt man auch im reizend gelegenen Biergarten des **Brauhaus Barfüßer** in den Neu-Ulmer Glacis-

An einen zerstörten Ulmer Patriziersitz aus dem 16. Jahrhundert erinnert die Gartenloggia am Biergarten des Ulmer Restaurants „Drei Kannen".

Anlagen an der Donau aus. Mehr als 650 Gäste finden dort Platz. Der geschichtsträchtigste Biergarten der Donau-Doppelstadt ist das **Brauerei-Gasthaus Schlössle** am Neu-Ulmer „Schlössleweg" im Stadtteil Offenhausen: Der einstige Rittersitz ist seit dem 14. Jahrhundert belegt. Nach der Zerstörung im Schmalkaldischen Krieg im Jahr 1546 wurde er 1552 vom Ulmer Patrizier Ulrich Ehinger wiederhergestellt. Im schattigen Kastaniengarten wird Bier aus der kleinen Hausbrauerei ausgeschenkt. Im urigen Gastraum des „Schlössle" (mehr als 50 Sitzplätze) isst und trinkt man unterm Kreuzgewölbe.

Hinweise für hungrige Gäste

· **Website:** Das gastronomische Angebot stellt die Ulm/Neu-Ulm Touristik umfassend unter www.tourismus.ulm.de vor.
· **Ulmer Zuckerbrot:** 1597 wurde das „Ulmer Brot" erstmals erwähnt. Die „Bäckerei Zaiser" in der Herrenkellergasse stellt das traditionelle Ulmer Zuckerbrot her: Hefeteig wird mit Malaga, Rosenwasser und Gewürzen wie Anis und Fenchel verfeinert.
· **Süße Souvenirs:** Die seit hundert Jahren bestehende „Konditorei Mohrenköpfle" in der Kramgasse stellt Spezialitäten wie „Ulmer Münster Spitzen", Ulmer Spatzen aus Marzipan und Ulmer Guldentaler her. Süße Souvenirs wie „Geistvolle Einsteinköpfe" oder die „Ulmer Pralinenspätzle" findet man in der seit 1811 existierenden „Confiserie Café Tröglen" am Münsterplatz.

Museen – vom Löwenmenschen über alte Meister bis zu zeitgenössischer Kunst

Gotische Ulmer Schule und Kunst der Moderne, Brot und Design, Bildhauerei und Donauschwaben sind Themen der Ulmer Museumslandschaft. Die „Promis" unter den Museumsexponaten sind der rätselhafte altsteinzeitliche „Löwenmensch" und eine aparte heilige Sünderin. Unstrittig der „Star" unter den Museumsbauten ist die Kunsthalle Weishaupt in Ulms „Neuer Mitte".

Im **Ulmer Museum** (Marktplatz 9) stößt man auf einige der ältesten figürlichen Kunstwerke der Menschheit. Der rätselhafte „Löwenmensch" – halb Mensch, halb Tier – wurde vor mehr als 30 000 Jahren aus einem Mammutstoßzahn geschnitzt. Er ist das prominenteste und größte Exponat in einem Ensemble altsteinzeitlicher Elfenbeinskulpturen, die aus Höhlen der Schwäbischen Alb geborgen wurden.

Unter den Exponaten des Ulmer Museums erreicht wohl nur noch die um 1475 vom Ulmer Bildhauer Michel Erhart ge-

Bild oben: Aus dem Elfenbein eines Mammutstoßzahns wurde der „Löwenmensch" geschnitzt. Er zählt zu den ältesten Skulpturen der Welt.

Die Reliquienbüste der heiligen Maria Magdalena gehört zu den bekanntesten Exponaten gotischer Schnitzkunst im Ulmer Museum. Der Ulmer Bildhauer Michel Erhart schuf sie um 1475.

schaffene Reliquienbüste der Maria Magdalena eine vergleichbare Popularität. Die schöne Ulmerin ist nicht nur ein herausragendes Werk der Ulmer Schule, sondern wohl auch die meistfotografierte und bekannteste Ulmerin aller Zeiten. Die gotische Ulmer Schule ist im Museum außerdem mit etlichen Werken der Bildhauer Hans Multscher und Niklaus Weckmann, der Maler Martin Schaffner und Bartholomäus Zeitblom sowie des Kunstschreiners Jörg Syrlin d. Ä. vertreten.

Mit der Einführung der Reformation und dem Bildersturm von 1531 war die Blütezeit der Ulmer Kunst vorbei. Die Blüte des Ulmer Kunsthandwerks dauerte dagegen noch bis ins 18. Jahrhundert an, was kostbare und teils skurrile Exponate von Goldschmieden und Uhrmachern aus der Donaustadt belegen.

Ein Höhepunkt ist die in der Zeit nach 1650 entstandene Kunst- und Naturalkammer des Ulmer Kaufmanns Christoph Weickmann. Diese nach dem Vorbild der Sammlungsräume italienischer Fürstenhöfe der Renaissance konzipierte Kunst- und Wunderkammer barg tausend Gegenstände und zählte zu den touristischen Attraktionen der Reichsstadt Ulm. Knapp hundert Exponate sind erhalten, darunter vor allem exotische Kuriosa wie afrikanische Waffen, Kleidung und Gebrauchsutensilien, aber auch Gegenstände aus Russland, China und Lappland. Die Kunst- und Naturalkammer Weickmanns ist deshalb noch immer ein bedeutendes Zeugnis der bürgerlich-barocken Sammlerkultur.

Weitere Abteilungen im Ulmer Museum präsentieren Stadt- und Zunftgeschichte, Grafik der Klassischen Moderne und Kunst nach 1945: Die Stiftung Sammlung Kurt Fried zeigt 400 Werke internationaler Größen – von Andy Warhol über Roy Lichtenstein und Keith Haring bis zu Christo. Zeitgeschichte spiegelt dagegen das Archiv der Hochschule für Gestaltung wider. Zwischen 1953 und 1968 schuf die neue Ulmer Schule Design-Ikonen vom legendären „Schneewittchensarg" (ein Schallplattenabspielgerät) bis zum Stapelgeschirr. Zum Werknachlass des legendären Ulmer Designers Otl Aicher gehören Entwürfe, mit denen er die olympischen Sommerspiele von München, Augsburg und Kiel 1972 visuell prägte.

Während das Ulmer Museum – nur ein paar Schritte vom Rathaus entfernt – zwar zentral, aber doch ein wenig versteckt liegt, kann man das Gebäude der bis Ende 2007 errichteten

1464 schuf der Ulmer Bildhauer Hans Multscher
seinen Christus auf dem Palmesel – heute eines
der gotischen Meisterwerke im Ulmer Museum.

Dieses Bauwerk in Ulms „Neuer Mitte" wirkt wie eine Skulptur – die Kunsthalle Weishaupt am zentralen Hans-und Sophie-Scholl-Platz.

Kunsthalle Weishaupt am Hans-und-Sophie-Scholl-Platz in der Ulmer „Neuen Mitte", kaum übersehen. Wie ein riesiger Keil erstreckt sich das schlanke Bauwerk mit seiner spannenden Glasfront im Eingangsbereich entlang der Neuen Straße. In unmittelbarer Nachbarschaft zum Ulmer Museum zeigt das Privatmuseum des Unternehmers Siegfried Weishaupt seine in vier Jahrzehnten aufgebaute Sammlung moderner und zeitgenössischer Kunst.

Am nördlichen Rand der Ulmer Altstadt steht der massige Salzstadel, der das **Museum der Brotkultur** (Salzstadelgasse 10) beherbergt. Dieses Museum setzt sich mit der 6000-jährigen Geschichte des Brots auseinander. Die weltweit wohl größte Sammlung zur Kulturgeschichte des Brots thematisiert die Entwicklung des Brotbackens ebenso wie die Kultur- und Sozialgeschichte des Brots und brotloser Hungerzeiten. Aus der Sammlung von mehr als 16 000 Kunstwerken und Objekten werden rund 700 Exponate gezeigt. Zu den Schöpfern der hier ausgestellten Kunstwerke gehören unter anderem Ernst Barlach, Max Beckmann, Käthe Kollwitz, Pablo Picasso, Salvador Dalí und Joseph Beuys.

Unter dem gotischen Gewölbe des Salzstadels empfängt dieser Brezenbäcker die Besucher des Museums der Brotkultur. Dort sind hunderte Exponate zum Thema Brot und Backen zu sehen.

Das **Donauschwäbische Zentralmuseum** (Schillerstraße 1) belegt in der Oberen Donaubastion mit einer Dauerausstellung die Geschichte und Geschicke der Donauschwaben in Südosteuropa seit dem Ende des 17. Jahrhunderts. Die Themen sind auch der erstarkende Nationalismus, der Erste und Zweite Weltkrieg sowie die Entwicklung in Ungarn, Rumänien und den Nachfolgestaaten Jugoslawiens nach dem Auseinanderbrechen des Ostblocks im Jahr 1989. Exponate, Dokumente, hunderte Fotografien und andere Medien dokumentieren Kultur und Alltagsleben der Donauschwaben. Zentrale Kapitel sind das Leben der Donauschwaben in den von ihnen geprägten Städten und Dörfern, ihre Arbeit in Landwirtschaft und Industrie, Alltagskultur, Bildung und Religion.

Das **Naturkundliche Bildungszentrum** (Kornhausgasse 3) beherbergt eine wissenschaftliche Sammlung mit mehr als 60 000 Objekten – Dokumente erdgeschichtlicher Epochen sowie der Tier- und Pflanzenwelt in den letzten 12 000 Jahren. Die Dauerausstellung präsentiert zahlreiche Modelle und Exponate zum Anfassen. Sonderausstellungen und umweltpädagogische Begleitveranstaltungen vertiefen die Themen dieser Ausstellung.

1887 wurde der Neu-Ulmer Bildhauer und Grafiker Edwin Paul Scharff geboren. Als 15-Jähriger verließ er seine Heimatstadt, in München studierte er zunächst Malerei. Seine ersten Bildhauerarbeiten schuf er 1906. Scharff machte Karriere und gestaltete Denkmäler, Büsten und Medaillen. 1937 belegten ihn die Nationalsozialisten als Schöpfer „entarteter Kunst" mit Berufsverbot. 46 Werke Edwin Scharffs wurden zerstört. Das Neu-Ulmer **Edwin Scharff Museum** (Petrusplatz 4, zwölf Gehminuten vom Ulmer Münsterplatz entfernt) zeigt einen

Überblick über das Schaffen des 1955 in Hamburg verstorbenen Künstlers. Daneben wird der Nachlass des Malers Ernst Geitlinger (1895 – 1972) ausgestellt: Auch seine Werke wurden im „Dritten Reich" als „entartete Kunst" verfemt. Das Kunstmuseum wird seit 2009 durch das **Kindermuseum** ergänzt. Es ist ein Lernort für Kinder ab dem Kindergartenalter, Jugendliche und auch Erwachsene. Die Themen reichen von gesellschaftsrelevanten über kulturgeschichtliche bis hin zu naturwissenschaftlichen Themen. Interaktive Ausstellungen des Kindermuseums ergänzen schulisches Lernen.

Seit 2010 präsentiert der in Neu-Ulm aufgewachsene, in New York lebende Sammler Artur Walther im Neu-Ulmer Stadtteil Burlafingen in moderner Architektur die **Walther Collection**. Dieses Privatmuseum für Meisterwerke der Fotografie und Videokunst legt den Schwerpunkt auf Künstler aus Afrika und Asien. Die international beachtete Sammlung zeigt außerdem deutsche und amerikanische Fotokunst des 20. Jahrhunderts.

Tipps zu Museen und Ausstellungen

- **Museen und Ausstellungen im Web:** Die Ulm/Neu-Ulm Touristik porträtiert unter www.tourismus.ulm.de weitere Museen, Sammlungen und Denkstätten. Dazu zählen das HfG-Archiv in Räumen der früheren Hochschule auf dem Oberen Kuhberg, das Museum im Konventbau des Klosters Wiblingen sowie der Kunstpfad der Universität Ulm, der 60 Kunstwerke – Großplastiken und Wandgestaltungen teils international renommierter Größen – präsentiert.
- **Stadtgeschichte gratis:** Im Schwörhaus (Weinhof 14) zeigt das Haus der Stadtgeschichte mit Exponaten, Modellen, großflächigen Präsentationen sowie interaktiven Medien Ulms Historie bis in die jüngere Vergangenheit – Eintritt frei.
- **Stadtgeschichte im Untergrund:** In Ulm überrascht häufig die Liebe zum Detail. So kommt man sogar auf dem Weg zur Toilette im Untergeschoss des Stadthauses an einer Dauerausstellung zur Archäologie und Geschichte des Münsterplatzes vorbei.
- **Museumscafé:** Das Museumscafé im Ulmer Museum öffnet täglich. Es bewirtet in einem von der Patrizierfamilie Schad um 1500 erbauten Gewölbe. Seit 1505 hatte dort die Welser-Vöhlin-Gesellschaft einen Sitz. Sie besaß eine Niederlassung auf Santo Domingo, verdiente am Anbau von Rohrzucker und Sklavenhandel und versuchte von 1528 bis 1556 das heutige Venezuela zu kolonisieren.

Vom „Nationalfeiertag" zum „Nabada": Ulmer Stadtfeste um den Schwörmontag

Im reich bestückten Veranstaltungskalender ragt der traditionsreiche Ulmer „Nationalfeiertag", der Schwörmontag, heraus. Mit ihm verbindet sich das jährliche „Nabada", im vierjährigen Turnus finden das Fischerstechen und der Bindertanz statt. Der Terminkalender bietet allerdings weit mehr – vom seit Jahrhunderten abgehaltenen Ulmer Weihnachtsmarkt bis zum jungen Internationalen Donaufest.

Der **Schwörmontag** ist der jährliche Ulmer „Nationalfeiertag". Dieses Stadtfest wird jeweils am vorletzten Montag im Juli gefeiert. Offizieller Höhepunkt des Schwörmontags ist der Rechenschaftsbericht, den der Oberbürgermeister vom Balkon des Schwörhauses auf dem Weinhof ablegt. Am Ende seiner Rede steht traditionell die Schwörformel aus dem Jahr 1345, mit der das Stadtoberhaupt den Ulmern verspricht, „Reichen und Armen ein gemeiner Mann zu sein in gleichen, gemeinsamen Dingen und redlichen Dingen ohne allen Vorbehalt".

An diesem Stadtfeiertag schließen die Geschäfte in der Ulmer Innenstadt bereits gegen 14 Uhr. Denn am Nachmittag des

Bild oben: Am Schwörmontagnachmittag findet das „Nabada", ein Festkorso auf der Donau, statt.

Im vierjährigen Turnus wird zum Schwörmontag auch das Ulmer Fischerstechen abgehalten.

Schwörmontags fängt um 16 Uhr das **Nabada** (Hinabbaden) auf der Donau an. Ähnlich wie bei einem Karnevalsumzug nehmen die aufwendig gestalteten Themenboote die Stadtpolitik und regionale Ereignisse auf die Schippe. Zwischen den offiziellen Booten treiben einige Hundert „wilde Nabader" in Schlauchbooten und Kajaks, auf Luftmatratzen und sonstigem Schwimmfähigen den Fluss hinunter. Zehntausende Zuschauer bevölkern die beiden Ufer. Einen Vorläufer des „Nabada" gab es übrigens schon zu reichsstädtischen Zeiten.

Um den Ulmer „Nationalfeiertag" gruppiert sich eine ganze Reihe weiterer Feste und Veranstaltungen. So findet in dieser Zeit auch das **Ulmer Volksfest** in der Friedrichsau statt. Am Samstag vor dem Schwörmontag treiben nach Einbruch der Dunkelheit bei der **Lichterserenade** tausende Windlichter donauabwärts. Ein Feuerwerk krönt dieses Spektakel. Auf etlichen Plätzen in der Stadt wird in diesen Tagen Livemusik gespielt. Vor allem verbinden sich mit der Schwörwoche jedoch zwei weitere traditionsreiche Ulmer Stadtfeste.

Alle vier Jahre, jeweils um zwei Jahre versetzt, wird anlässlich des Schwörmontags das **Fischerstechen** beziehungsweise der **Bindertanz** abgehalten. Das Fischerstechen findet an den beiden Sonntagen vor dem Schwörmontag statt. Vormittags ziehen Mitglieder des Schiffervereins mit dem Zunftmeister,

Kirchweihjungfern, Fahnenschwingern und Speerträgern, Weißfischern und Fischermädchen, Stadtsoldaten, Ulmischen Freireitern und Gens d`armes durch die Innenstadt. Am Festzug nehmen 16 Stecherpaare des Fischerstechens teil: Sie verkörpern durch ihre Kostüme Figuren der Stadtgeschichte, unter ihnen den „Schneider von Ulm" und den Ulmer Spatz. Zwei Narren, Bauer und Bäuerin führen – von Trommeln begleitet – einen dreiteiligen Tanz aus der Frühen Neuzeit vor.

Das Fischerstechen lässt sich seit 1545 belegen. Dabei starten zwei Donauzillen vom jeweils entgegengesetzten Ufer. In der Mitte der Donau versuchen die Stecher, ihren Widerpart mit einer 2,80 Meter langen Stoßlanze in den Fluss zu werfen. Auch wer in das Boot tritt, hat verloren. Die beiden Stecher stehen auf dem Heck der zehn Meter langen flachen Kähne, die von drei Ruderern angetrieben beziehungsweise gesteuert werden. Gestochen wird so lange, bis ein eindeutiger Sieger feststeht oder das Schiedsgericht den Gewinner festlegt.

Der Bindertanz findet an den zwei Sonntagen vor dem Schwörmontag sowie während der Schwörfeier statt. Seit 1745 wird der mit dem Münchner Schäfflertanz vergleichbare Reiftanz aufgeführt: Er ist ein Handwerksbrauch der von den auch Schäffler, Böttcher oder Küfer genannten Fassbindern gebildeten Zunft. Zu dem in Baden-Württemberg in seiner Art einmaligen Bindertanz marschieren die Binder in einer Prozession, angeführt vom Fahnenträger mit der Zunftstandarte und drei Binderbuben, die überdimensionierte Zunftinsignien tragen. Beim Umzug muss der Fassroller ein 20 Kilogramm schweres 120-Liter-Fass auf der Kante vor sich her treiben. Der Bindertanz wird auf dem Münsterplatz aufgeführt: 16 Tänzerpaare in barocker Tracht tragen eine halbkreisförmige, mit grünen Zweigen verzierte Girlande. Sie bewegen sich in acht Figuren um den Zunftmeister, der sich auf das Fass stellt, an dem der Fassroller im Takt den Fassreifen festklopft.

Vier Adventswochen lang lädt der *Ulmer Weihnachtsmarkt* auf den Münsterplatz. In Holzbuden vor dem Münster wird Kulinarisches und Kunsthandwerk, Spielzeug und Christbaumschmuck angeboten. Vor dem Westportal hört man täglich vorweihnachtliche Klänge. Der Weihnachtsmarkt hat Tradition. Bereits 1574 feierte man in Ulm einen Nikolausmarkt.

In vier Adventswochen lockt der traditionelle Weihnachtsmarkt täglich auf den Ulmer Münsterplatz.

Der **Ulmer Narrensprung** im Januar gehört zu den großen Fasnachtsumzügen der Region. 5000 Hästräger und Musiker aus Süddeutschland, Liechtenstein sowie der Schweiz nehmen an dem bunten Spektakel teil.

Ein junges Fest ist das **Internationale Donaufest**, das seit 1998 alle zwei Jahre unter einem anderen Motto stattfindet. Dabei begegnen sich Künstler und Gäste aus den Donauanrainerstaaten. Das zehntägige Programm spiegelt die Vielfalt der Kulturen und Lebensformen am Fluss wider. Das Zentrum des Festivals ist der „Markt der Donaustädte und -regionen". Ausstellungen, Musik, Tanz, Theater und Lesungen bringen Kunst und Kultur aus den Ländern am Donaustrom nahe.

Seit 1987 findet das **Ulmer Zelt**, das längste Zeltfestival Deutschlands, jährlich von Mitte Mai bis Anfang Juli am Ufer der Donau in der Friedrichsau statt. Alle zwei Jahre, jeweils im Februar, laden die **Neu-Ulmer Orchideentage** ins Edwin-Scharff-Haus (am Neu-Ulmer Jahnufer) ein.

Hinweise zu Ulmer und Neu-Ulmer Terminen

· **Noch mehr Veranstaltungen:** Die Website der Ulm/Neu-Ulm Touristik stellt auch alle anderen Veranstaltungem im Jahreslauf vor, vom Ulmer Volksfest bis zur Kulturnacht Ulm/Neu-Ulm. Ein Veranstaltungskalender informiert dort auch zu aktuellen Terminen.

· **Stadtfeste im Web:** Zum Schwörmontag und zu den anderen Festen anlässlich dieses Ulmer Stadtfeiertags informiert umfassend die Website der Stadt Ulm (www.ulm.de, unter „Kultur & Tourismus" und dort unter dem Stichwort „Stadtgeschichte").

· **Literatur:** „Ulm. Der Festführer" von Henning Petershagen erklärt den Schwörmontag und die Stadtfeste in der Schwörwoche.

Brauerei-Gasthaus

Schlössle

**Familiengeführte Traditionswirtschaft
mit leckeren hausgebrauten Bieren
schwäbischer, gutbürgerlicher Küche
und urig-gemütlichen Gasträumen**

Schönster Biergarten der Region

Urige Gaststube mit Gewölbe

Tel. 0731-77390, Schlössleweg 3, 89231 Neu-Ulm

www.schloessle.com

Titel: Wolfgang B. Kleiner
Rücktitel: Thomas Baumgartner (1), Wolfgang B. Kleiner (3)

Thomas Baumgartner: S. 2/3, 8, 13 (1), 16/17, 33 (1), 49 (3),
53, 56 (2), 57, 58 (10), 59 (8), 70, 76 (2), 77 (1), 79 (1),
116 (1), 155 (1), 178, 187

Wolfgang B. Kleiner: S. 19, 21, 22, 40, 41, 54/55, 66, 78,
79 (1), 80 (2), 81, 82, 90 (1), 118/119, 138, 141, 145, 146,
147 (1), 148/149, 150, 151, 170, 171, 173, 176, 177, 181 (1),
196, 202, 203, 204

Martin Kluger: S. 6/7, 9, 13 (3), 14, 15 (3), 18, 20, 23, 24 (2),
25, 26 (2), 27, 28, 29, 30/31, 32, 33 (1), 34/35, 36 (2), 37 (2),
38, 42, 43, 46, 47, 48, 50, 51, 52, 61, 62, 63 (1), 65, 67,
68, 69, 71 (2), 72 (2), 73 (2), 74, 75, 77 (1), 83, 84 (6), 85 (5),
86, 87 (2), 88, 89, 90 (1), 91 (2), 92, 93, 94, 96, 97, 98, 99,
100, 101, 102 (2), 103 (2), 104 (2), 105, 106, 107 (2), 108
(2), 111, 113, 114, 115 (2), 116 (1), 117, 120, 121 (2), 122,
123, 124 (2), 125, 128, 129 (2), 130, 131 (2), 132 (2), 133
(2), 134 (2), 135 (2), 136, 137, 139 (2), 140, 144, 152/153,
154, 155 (1), 156, 157, 158, 159, 160 (2), 161 (2), 162 (2),
163 (2), 164, 165, 166, 167, 168, 169, 172, 180, 181 (1),
182, 183, 184, 186, 188 (2), 190/191, 192, 193 (2), 194,
197 (2), 198, 199, 200, 201, 205, 206

privat: S. 11

Ulm/Neu-Ulm Touristik GmbH: S. 208, 209

Wikipedia: S. 10 (unbekannt), 63 (Joachim Köhler/1),
64 (Joachim Köhler/2), 147 (Ekki01/1), 211 (Dr. Eugen Lehle)

Karten: context verlag Augsburg

Ulm und Neu-Ulm.
Der Stadtführer für die Donau-Doppelstadt
Martin Kluger
ISBN 978-3-939645-53-5
1. Auflage, Oktober 2012

Umschlaggestaltung:
Thomas Leberle

Grafik und Produktion:
concret Werbeagentur GmbH Augsburg

Karten und Pläne:
context verlag Augsburg

Bibliografische Information der Deutschen Bibliothek:

Die Deutsche Nationalbibliothek verzeichnet diese Publikation
in der Deutschen Nationalbibliografie, detaillierte bibliografische Daten sind im Internet über http://dnb.dnb.de abrufbar.

ISBN 978-3-939645-53-5
© context verlag Augsburg, 2012
www.context-mv.de

Städte erlesen erleben

Regensburg

Stadtführer durch das mittelalterliche Weltkulturerbe

Regensburg ist UNESCO-Welterbe. Der Reise-Guide führt in das „Castra Regina" der Römer, zu Romanik und Gotik, zu den Geschlechtertürmen der Fernhandelskaufleute, in den Dom, zum „Weltwunder" Steinerne Brücke und ins Schloss der Thurn und Taxis.

Martin Kluger, 204 S., 223 Abb., 9,80 €

Nürnberg

Der Stadtführer durch die fränkische Metropole

Nürnberg – das ist die stolze Burg, Albrecht Dürer, St. Sebaldus und St. Lorenz... Martin Kluger führt unter anderem auch zum Reichsparteitagsgelände, auf den Christkindlesmarkt und zu Bratwürsten und Lebkuchen.

Martin Kluger, 216 S., 239 Abb., 9,90 €

Augsburg

Der Stadtführer durch 2000 Jahre Geschichte

Der offizielle Stadtführer der Regio Augsburg Tourismus zeigt die wichtigsten Sehenswürdigkeiten und die besten Routen. Er präsentiert Tipps von Museen bis Gastronomie und führt unter anderem zu Kirchen, Denkmälern der Industriekultur und Spuren der Römer, der Fugger und Mozarts, Bert Brechts und Rudolf Diesels.

Martin Kluger, 216 S., 245 Abb., 9,90 €

Aschaffenburg

Offizieller Stadtführer durch das bayerische Nizza

Aschaffenburg ist erst seit 200 Jahren bayerisch. Über 800 Jahre lang war die Stadt am Main Sommerresidenz der Mainzer Erzbischöfe. Der Führer leitet zu Schloss Johannisburg, zum Pompejanum und zur Stiftsbasilika, in die Altstadt und in sehenswerte Landschaftsgärten.

Tamara Süß, 120 S., 138 Abb., 9,90 €

Das Donauschwäbische Zentralmuseum bietet eine Entdeckungsreise in den Südosten Europas. Die Ausstellung zeigt auf 1.500 m² das wechselvolle Leben der Donauschwaben. Das Museum erzählt vom Leben in Dörfern und Städten, Landwirtschaft und Industriearbeit, Wohn- und Kleidungskultur, Bildungswesen und Religiosität. In allem spiegelt sich die kulturelle Vielfalt Südosteuropas wider.

DZM

Donauschwäbisches Zentralmuseum Ulm

Öffnungszeiten: Di.–So. 11–17 Uhr, Montag geschlossen

Stiftung
Donauschwäbisches
Zentralmuseum
Schillerstraße 1, D-89077 Ulm
Telefon: 0049 (0)731/96254-0
E-Mail: info@dzm-museum.de
Internet: www.dzm-museum.de

Die Fugger in Augsburg

Kaufherrn, Montanunternehmer, Bankiers und Stifter

Jakob Fugger „der Reiche" war der wohl reichste Unternehmer Europas. Den Aufstieg der Fugger ermöglichten vor allem Montanunternehmen in Tirol, Kärnten, Oberungarn und Spanien: Silber und Kupfer, Blei und Quecksilber waren die Quellen des Reichtums der Familie. Der Handel mit Edel- und Buntmetallen sowie der Bergbau waren die Ursachen dafür, dass die Fugger mit Krediten Geschichte schrieben. Um Rechte im Montanwesen zu erhalten und zu sichern, finanzierten die Fugger die Kaiserkronen der Habsburger.

Zu den Kunden der Fugger zählten auch vier Päpste, deren Münzen die Fugger prägten. Kredite gaben die Fugger den Königen von England, Ungarn, Portugal und Dänemark. Unter Jakob Fuggers Neffen und Nachfolger Anton Fugger stand die Firma in ihrem Zenit. Die Verbindungen des Montan-, Banken- und Handelskonzerns der Fugger reichten bis nach Indien, Afrika und in die Neue Welt.

Jakob Fugger stiftete die älteste Sozialsiedlung der Welt, die Fuggerei. Er brachte mit der Fuggerkapelle in St. Anna und dem Damenhof in den Fuggerhäusern die Renaissance nach Deutschland. Auch spätere Fugger förderten die Künste. Augsburger Kirchen, der Damenhof und drei Monumentalbrunnen belegen bis heute, wie die Familie Ideen und Innovationen aus Italien über die Alpen holte.

Martin Kluger, 264 Seiten, 312 Abbildungen, 14,80 €, ISBN 978-3-939645-63-4

Die Fugger

um Augsburg, München und Ulm
Adel, Schlösser und Kirchen

Mit Jakob Fugger „dem Reichen" begann es: Er erwarb von Kaiser Maximilian I. im Jahr 1507 die Herrschaft Kirchberg-Weißenhorn. Danach kauften die Fugger mehr als 100 Jahre lang, was an Herrschaften, Grundbesitz und Rechten zu haben war. In über 200 Städten und Dörfern Oberdeutschlands hatten sie im 17. Jahrhundert das Sagen. Um Augsburg und Ulm, in München, Oberbayern und Mittelfranken, im Unterallgäu und auf der Schwäbischen Alb findet man ihre Spuren: Schlösser, Fuggerhäuser und Kirchen, aber auch Burgruinen, Schlossparks, Museen sowie Kunstwerke teils von europäischem Rang. Auf den Schlössern in Oberkirchberg, Babenhausen, Kirchheim und Wellenburg leben bis heute Nachkommen der reichen Fugger.

Mit 803 Abbildungen leitet dieser „Geschichtslesereiseführer" in 140 Städten und Dörfern zu rund 250 Stationen auf den Spuren der Fugger. Sehenswürdigkeiten aus 500 Jahren erklären die Historie dieser großen deutschen Familie: Sie liegen in der Regel in einem Radius von 100 Kilometern um die Fuggerstadt Augsburg. Wo es hilft, die Geschichte der Fugger besser zu verstehen, beschreibt dieser Kulturreiseführer einige weiter entfernte Stationen – zwischen dem Bodensee und dem Chiemgau, Nürnberg und einem einsamen Tal in den Allgäuer Alpen.

Martin Kluger, 504 Seiten, 803 Abbildungen, 19,80 €, ISBN 978-3-939645-43-6

Rudolf Diesel

Erfinderleben zwischen Triumph und Tragik

In der Nacht vom 29. auf den 30. September 1913 fand Rudolf Diesel unter nicht geklärten Umständen im Ärmelkanal den Tod. Aus dem genialen Ingenieur und Multimillionär war ein gescheiterter Mitteloser geworden. Ein allzu sorgloser Lebensstil, nachteilige Verträge, missglückte Firmenbeteiligungen und Spekulationen hatten den Erfinder des Dieselmotors verarmen lassen.

Von 1893 bis 1897 hatte Diesel gemeinsam mit der Maschinenfabrik Augsburg – der heutigen MAN – und Krupp in Essen den nach ihm benannten Motor entwickelt. Aus Augsburg stammt die Familie des Ingenieurs, der in Paris geboren wurde und seine Kindheit dort verbrachte. Den Zwölfjährigen schickte man zu einer Pflegefamilie nach Augsburg, wo er auch die Schule besuchte.

Die Erfindung des Dieselmotors hat Rudolf Diesel weltberühmt gemacht. Doch der Weg zum neuen Motor führte über viele Irrwege. Als der Dieselmotor auf den Markt kam, dauerte es Jahre, bis die technischen Anfangsschwierigkeiten überwunden waren. Angriffe seiner Konkurrenten, Patentstreitigkeiten, Fehlschläge bei späteren Erfindungen und sein Scheitern als Sozialreformer verdüsterten neben den wachsenden finanziellen Problemen Rudolf Diesels letzte Jahre.

Horst Köhler, 228 Seiten, 82 Abb., 16,90 €, ISBN 978-3-939645-57-3